AI時代の リーダーの原則

PRINCIPLES FOR LEADERS IN THE AI ERA

BY TAKASHI TORIHARA

鳥原隆志

株式会社インバスケット研究所 代表取締役

KKベストセラーズ

AI時代のリーダーの原則

■はじめに

はじめまして。

インバスケット研究所の鳥原隆志です。

この本は以下のような人たちに読んでいただきたいと思い書きました。

◆これからリーダーを目指す方
◆今リーダーとして課題や不安を抱えている方
◆これからの時代に何を勉強すればいいかを迷っている方
◆リーダーとして一皮むけたいと考えている方

本書はストーリー形式になっています。

主人公になったつもりで、あなただったらどのように対処するかを考えながら読んでいただくと、より理解が深まり気づきが多くなるでしょう。

前半はリーダーとして必要な能力のチェック、後半はこれからの時代に必要な能力を知る構成にしています。

まず現状のあなたにリーダーとして足りない部分をチェックしたうえで、これからに備える意味で後半の能力を身につけてほしいと考えています。

私はリーダー育成のツールと呼ばれる「インバスケット」というツールを研究している会社の経営者です。その傍ら、多くのリーダーの教育に携わる講師です。おかげさまで受講生はもうすでに1万5千人を超えました。

私の講義では私自身の経験や考え、リーダー論をお伝えしているわけではありません。リーダーの模擬体験をしてもらい、その過程でほかのメンバーと比べて自分に足りないものに気づいてもらうだけの講義です。

その講義をなぜ1万名を超える人が受講するのか？　それは多くのリーダーが、実は自分なりのやり方にどこか疑問を持っているからです。

例えば部下との関係がどうもしっくりいかない、部下に自分の考えを理解してもらえないなど、なぜうまく行かないのか？　そこを知りたいのでインバスケット講義を受けに来られるのです。

私自身も、30歳の時にこのインバスケットを受験して、自分自身のリーダーとして足りないところをまざまざと思い知らされました。その晩は悔しくて自分はリーダーに向いていないのでは……と自己嫌悪に陥ったほどです。

実はリーダーとして意外とできていない部分というのは、基本部分です。基礎ができていないのに、いかに高度なリーダーシップの発揮方法や思考法を学んでもうまく活用できるはずがありません。

つまり、まずは基礎部分に大きなズレがないかを知ることが、リーダーとして仕事を進めるうえで、最初のチェック・ポイントです。


基礎を確認できたら、次は将来に備える必要があります。

リーダーの仕事に必要な能力は年々増えてきています。

例えば、昔のリーダーは司令塔としてメンバーに指示を出して動いてもらいましたが、現在多くのリーダーはプレイヤーと兼任であることが多いですよね。

また、部下に指導する方法にしても10年前は通用していたことでも、今は法律問題に発展したり、部下が退職するケースに繋がってしまいます。

ましてやこれからはＡＩが職場に入り、働き方も大きく変わります。みんなが揃ってオフィスで仕事をするという前提が崩れて多様化します。

その中でリーダーに求められる能力も変わってきます。

今までのような前例をもとに計画する仕事はＡＩが行い、逆に今までにない発想の転換を求められてきます。

つまり、従来のリーダー像を変えないと、これからはリーダーとして認められなくなっていきます。

ですから、これまでも必要だったリーダーの能力に加え、これからのＡＩ時代でもリーダーとしてあり続けるために必要な能力も磨いておく必要があるのです。

本書が皆さんのリーダーとしての悩みを解決するきっかけになり、これからの時代にマッチした、強いリーダーになる教科書として読まれることを望んでおります。

AI時代のリーダーの原則　目次

第2章　これからのリーダーに必要な力　119

第1章

生き残れるリーダーは2割

■リーダーに必要な力とはなにか？

リーダーに必要な力とはなにか？　この問いにあなたはどう答えますか？　できればノートかスマホのメモに思いつくものを書いてみてください。

私が登壇しているリーダー研修でも受講生に同じ問いを発して、ホワイトボードに書いてもらうワークを行います。するとホワイトボード一杯にいろんな力が書かれます。

例えば、周りを巻き込む力だとか、決断する力、部下を育てる力などのほかに、オーラを出す力だとか、どんな時も笑顔でいる力など、なるほどと思うものもありました。

変わったところでは「我慢する力」だとか「政治力」なんてキーワードも出てきました。

このワークを終えた受講生が感じるのは、リーダーには様々な力が必要なことと、私たちはリーダーとして必要な力がなにかを意外と知らないことです。

実はリーダーに必要な力の研究は１９７０年から「コンピテンシー（成果を発揮する人に共通の行動特性）」などの研究で進められていました。

私が研究している「インバスケット」も、リーダーとして取るべき行動「コンピテンシー」の研究が基礎となっています。

ちなみにこれらの取らなければならない行動は、当社の評価項目では66存在します。これはインバスケットというツールで測定できる部分の数字ですので、その他グループディスカッションやプレゼンテーションなどを含めると、おそらく２００以上の行動を起こす力がリーダーには必要です。

この数を聞かれて、「私には無理」と思われた方もいるかもしれません。

しかし、安心してください。これらの行動の多くはあなたも無意識に取られている行動だからです。

ただ言い換えると、多くのリーダーが本来やらなければならない行動が、実際は抜け落ちているということも事実です。

私の仕事は、そのリーダーの弱点にインバスケットで気づいてもらい、その抜け落ちている行動ができるようにすることです。

しかし最近では、そうして私たちが今まで測定していたコンピテンシーも変えなければならないと議論しています。

なぜなら、今までのコンピテンシーをすべて持ったリーダーでも、リーダーとしてうまく機能しないケースが出始めたからです。

例えば、メンバーのいないリーダーの増加、メンタルや就業規則の変化で働き方が大きく変わった中での部下管理、ＩＴ技術の進歩によるコミュニケーションの変化などのケースです。

今思い返せば、今まで評価されていたリーダーが機能しなくなることが表面化したのは、東日本大震災でした。

優秀だとされたリーダーも、未曽有の事態に対応できず、中には組織が機能しなくなる企業も出ました。間違った判断をしたり、決められた行動が取れなかったり、組織が不全に陥るなど想定しなかった不完全なリーダーがあぶり出された災害でした。

実際、私の会社にも多くの大手企業からリーダー再育成のご依頼が殺到しました。

これは震災が起きたという異常事態だけのせいではありません。

今も優秀とされたリーダーが続々と脱落し続けています。

働き方改革で、一般社員を定時に帰らせて、その残った仕事を管理職がやっているという会社もあります。また叱れば部下がパワハラとしてすぐに窓口に相談しに行く事態もあるように、リーダーの能力が落ちたわけではなく、取り巻く環境が激変しているのです。

一方で、リーダーの仕事はこれからは機械が代わりに行うようになっていきます。

ＡＩが単純作業を処理するようになることで、多くの企業が効率化を進めることができると考えています。

ハンコを押すだけのリーダー、上司や部下に丸投げするリーダーはＡＩ化され不要とされるでしょう。

今、リーダーとして仕事がある人も、これからの環境変化やＡＩ化で生き残れるのは全体の２割ほどと言われています。

私たちに今できるのは、そのような波が来てからじたばたする前に、もう一度、今後生き残るリーダー像を考えていくことです。

■維持し続ける能力と変化すべき能力

では今後生き残るリーダーはどのようなリーダーか？

ある雑誌にはＡＩを使いこなすデジタル思考のリーダーがこれから求められるだとか、確実に業務を遂行できるリーダーシップのあるリーダーが生き残れるなどと書かれていましたが、私はそうは思いません。

人間にしかできない行動が取れるリーダー、つまり人間らしいリーダーが求められます。理由は、人間らしい行動はＡＩにはできないからです。

機械ができること、人間にしかできないことがこれからは区別されてきます。

機械にもできる仕事をやっているリーダーは評価されなくなり、機械に取って代わられるのは間違いありません。

自動車の運転にたとえて考えてみましょう。

私が普通自動車の免許を取ったのは25年ほど前になりますが、当時はカーナビというものがなく、助手席のわきに分厚い地図を置いていました。道がわからなくなるとそれを取り出し、ページをめくっていました。

この地図を見るのもテクニックが必要でした。開くと升目に番号やアルファベットが載っており、ある道の続きを見るには全体図から何ページを見るという風に、図を組み合わせる能力が必要でした。

しかし、ナビが標準装備されると、地図をうまく見る能力は不要となり、ナビの機能を使いこなす能力が必要になりました。最近はスマートフォンがナビの代わりになりました。つまり地図を二次元的につなげて使いこなすという能力は機械に代わったのです。

そのうちに自動運転になり、ますます私たちのとっている行動は機械化されるでしょう。ひょっとすると運転技術という能力自体が不要になるかもしれません。

もちろん、昔から必要な能力も存在します。

目的地を決める能力もそうですし、とっさの事故や渋滞などの際に自らアイデアを出して計画を変更するなどの能力は従来から必要とされます。

また環境が変わることで必要となる能力もあります。機械が出すルートが本当に効率的なのか仮説を出したり、途中でカフェに寄ったり、史跡に立ち寄るなど楽しさや快適さを見つけ出す力は、以前よりも必要になってきます。

私たちが仕事をするうえでも、過去も現在もそして未来も変わらず必要な能力と、これから必要になる能力があります。

実際の部下指導でも、従来の圧迫型部下指導を行うと、部下は成長どころか、折れてしまい退職したり、時には裁判沙汰になってしまうなど、私たちが当たり前だと思っていたやり方が通用しないようになっています。

ビジネスの現場に戻り考えたとき、今まで必要とされた能力とこれからの時代に身につけなければならない能力はどのようなものか。

まず維持し続けなくてはならない能力とは、どのようなものなのかについて考えていきましょう。

ハーバード大学のロバート・カッツ教授が提唱した、仕事に必要な3つのスキルの理論から考えると、①「テクニカルスキル」、②「ヒューマンスキル」、③「コンセプチュアルスキル」が必要とされています。

①「テクニカルスキル」とは現場での作業をするうえで必要なスキルで、パソコンの操作や商品知識、種類の書き方などのスキルです。

②「ヒューマンスキル」とは対人関係スキルのことで、相手と信頼関係を築いたり、コミュニケーションが円滑にとれるスキルです。

③「コンセプチュアルスキル」とは、問題を解決したり決断する高度なスキルです。

カッツ理論によると、この3つのスキルは上位職になればなるほど、「テクニカルスキル」の比率が減り、「コンセプチュアルスキル」の比率が上がるとされています。

私はこの理論に賛成ですが、このカッツ理論もこれからは変化するのではないかとも考えています。

まず機械にできることという観点で考えると、「テクニカルスキル」は限りなく少なくなるでしょう。ＡＩを導入した居酒屋では、顧客が注文したメニューとよく一緒に頼まれるメニューが瞬時にはじき出されて提案されています。

以前は、店員さんの勘と商売センスが必要でしたがそれも機械に取って代わられました。

また、ある通販会社ではＡＩが顧客から聞かれる質問に答えます。相談窓口もＡＩ化されているのです。

「コンセプチュアルスキル」にもＡＩが入ってきます。クレームが発生した時の判断や、人員配置の適正化、採用などにおいてもＡＩがすでに入ってきています。

ただ、すべてがＡＩに置き換わるかというと、それは難しいでしょう。なぜなら、前例や答えるがあることは機械は得意ですが、突発的な事態への対応や人間の意思が必要な判断はできないからです。

最後の「ヒューマンスキル」も機械化できません。

相手に対する配慮や労いだけではなく、人によって叱り方を変える、育て方を工夫するなどをはじめ、人間が持っている人格や性格などは真似ができないからです。

つまり、定型的は業務を得意としたり、前例に当てはめて失敗しない判断を求めるリーダーは機械に替わります。

これからは、人間性を持った、機械にはできない戦略や方向付け、ビジョンを持った、そして仕事を楽しくワクワクさせるようなリーダーが求められます。

これからリーダーになろうとしている人、現職のリーダーの人は、先を見据えてどんな能力を伸ばすべきなのかを考えていかなければならない時が来ているのです。

では、ストーリーに沿って一緒にリーダーに必要な力について考えていきましょう。

「ＡＩ上司を作れ！」。そんな極秘プロジェクトのメンバーに任命される伊賀と柳川。

果たして、ＡＩ上司には何を教え、そして教えないべきなのか。ビジネスシーンで課題となる様々な案件を、二人の思考や行動を通して学んでいきたい。

STORY 1 ＡＩ上司を作れ

ここ17階からは東京の都心が一望できる。遠くにはスカイツリー、右側には葛西臨海公園の大観覧車が見え、裾野にはうっすらと靄のかかった高層ビル群が広がる。

伊賀誠の勤める株式会社青海製鋼は、東京のいわゆる湾岸地域にあり、道路を挟んだ向こうには本社工場が広がる。

この場所でＡＩ上司の開発計画は立てられた。

もともと青海製鋼は大手自動車メーカーのシグマ自動車の下請けで、エンジンから車輪への車軸などの製造を担っている。

しかし、自動車業界も産業革命のごとく、電気自動車に加速度的にシフトされて、その影響は自動車部品メーカーを直撃していた。

青海製鋼も売り上げの7割を親会社のシグマ自動車が占めており、今年の売り上げ予想は昨年の2割減が予想されていた。

そこで自動車部品以外に航空機やロケットなどの新規事業を立ち上げて、がむしゃらに活路を模索していた。

しかし、今までの50年間、ほぼ競争をせず挑戦をしない社内の雰囲気にはまるで危機感はなかった。

その中で伊賀誠は、シグマ自動車からの出向で2年前に新規事業開発室にやってきた。中には伊賀の出向を左遷だと呼ぶ同僚もいたが、伊賀自身は何も感じていなかった。まあ、別の環境で心機一転といった程度に感じていたのだ。

3月の二週目、月曜日、目の前の同僚の吉永愛はマスクで顔の半分ほどを隠しながら、ティッシュの箱を大事そうに抱えている。

「大変そうだね。花粉」

「ええ、ぐしゅ、頭が全く回らないです。ぐしゅ」

「えっと、例の企画は進んでいるの？」

「あ、よくぞ聞いてくれました。あの、鉄のサプリメント企画ですよね。残念な結果です。課長まではOKだったんですが、役員会前審査会議でNGでした」

「役員会前審査会議？　そんなのあったっけ？」

「伊賀さんご存じなかったかも。役員会議に出すかどうかを、部長代理が20名ほど集まり審査する会議です。それを通って役員会前討議会という部長が集まる会議があり、それを通過してようやく役員会ですよ」

「2か月前にはそんなのなかったんじゃないかな」

「なんでも、役員会に上がってくる案件が多すぎるということで、新設された会議らしいですね」

そう言って吉永はマスクを外して鼻をかんだ。

「で、その審査会議ではなぜNGだったの？」

「一言ですよ。前例がなくリスクがある、とのことです」

「でも課長は大絶賛だったでしょ」

「そうです。でも会議でそんな意見が飛び出すと、課長は何て言ったと思います？」

「なんて言ったの？」

「こう言ったんですよ。『私も同意見です。まだ不十分だと認識しています、もっとよく案を練ろ』って」

伊賀は吹き出した。吉永の真似がそっくりだったからだ。吉永が続ける。

「余計嫌いになっちゃいました。何を考えているのだか。セクハラ発言も連発だし。伊賀さんは、よくうまく付き合えますね？」

「あ、そう見える？　そうでもないんだよね。私も苦手かな。例えば、しっかり叱ってくれたらいいのに、薄ら笑いを浮かべながら嫌味を言うんだよね。あれは許してほしいね」

その時、伊賀は近づいてくる課長を察知した。革靴なのにペタペタと音が立つのでわかりやすいのだ。

「よう、伊賀ちゃん、調子どう？」

「課長。悪くないですが」

「忙しい中悪いのだけど、お願い聞いてくれる？」

「な、なんでしょう？」

「それはこれからの秘密だよ、とりあえずついて来て」

課長はゆさゆさとおなかを揺らしながら、伊賀の前を先導して歩いた。

課長はエレベータに乗り込むと最上階のボタンを押した。

最上階は役員フロアだ。ここには15人分の役員室のほかに役員専用ラウンジとレストラン、お酒が飲めるバーまで作られている。もちろん伊賀は初めてだ。

ふかふかの廊下のじゅうたんの上を歩くと突き当りの社長室の前についた。

伊賀は、どぎまぎしながら待っている。

課長は重厚なドアをノックする。すると眉毛のラインがやたら強調された、やぼったいスーツの秘書が早足で奥の部屋に案内しノックした。

「入れ」

中から威圧感のある声がした。足利専務だ。

ヤマのような筋肉質の体に角ばった顎から、ラガーマンとあだ名がつけられている。実際に青海製鋼のラグビー部出身だ。

左側に足利専務、右にはグレーのスリーピースの男性が座っている。

彼が青海製鋼の社長、半田勝巳だ。

「あ、君はいい」

専務が課長に言った。「は、はい」課長はそう言うと複雑な表情をしながら退出した。

伊賀はしばしの静寂に目を躍らせた。

「君が伊賀君か、ここに座ってくれ」

専務が指さすようにソファに眼をやると、伊賀はおしりを軽くひっかけるように座った。専務の目は純朴そうだが、黒縁メガネから覗く社長の目は優しそうな眼の中に鋭さがあり、微笑んでいる口はキュッとしまっている。

半田社長が伊賀に話しかける。

「伊賀君、君はシグマ自動車のシステム開発にいたんだって」

「はい」

「そうか、わしもシグマのシステム出身だ。まあ、あの頃は電算と言ったがね。システム希望だったのか」

「いえ、私はセールス希望だったと思います。でもやってみないとわからないものでシステム開発に関われてよかったと思います」

「そうか……シグマ出身の君だからお願いしたいことがある。ここから話すことはトップシークレットだ。だから口外は許さない。いいね」

「は、はい」

伊賀は唾をのんだ。

社長は前のめりになり話し出した。

「ＡＩ上司を作ってほしい」

伊賀は理解できず口を半開きにした。

「伊賀君、何とか言ったらどうだ」

専務が促す。

伊賀はようやく正気を取り戻したように話し出した。

「すいません、ＡＩ上司って、えーと、人工知能で上司を作るということと思ってよろしいでしょうか」

「うむ、さすがシグマ出身だ。理解が早い。頼むよ」

「えっと、社長。作れと言われれば作れないことはありませんが……」

社長は伊賀の話を逸らすかのように、斜め上を見ながら話し出した。

「伊賀君。当社の現状は知っていると思うが、これからシグマの素材メーカーとしてだけでは経営が成り立たない。これからはＡＩだ。この波に当社が乗らないと青海製鋼の今後は無い」

社長の言葉が切れると、専務がかぶせるように言った。

「もともとこの企画は君が考えたものだろう？」

伊賀は、ばつが悪そうに頷きながら答えた。

「はい、確かに……ただ、その段階ではとにかく企画を出すことだけしか頭になく……。ただ、役員会で全員一致で否決されました」

社長は声を落として言った。

「うむ、今のこの会社の役員どもでは新しい挑戦ができん。だから私の直轄の極秘プロジェクトで進める」

「はあ……極秘ですか」

「ああ、君は明日付で青海ＥＳに出向してもらう」

伊賀は意味がわからず専務に尋ねるように言った。

「どういうことですか、出向……青海ＥＳって」

専務は涼しい目で返す。

「この極秘プロジェクトは社内ではできん。だから君は青海ＥＳ、あ、青海エンジニアシステムに出向く形であっちのオフィスで開発を進める、ということだ、理解できたか」

社長は顎を引きながら言った。

「君は二度とシグマに帰れなくなるのでは？　と思っているだろう。逆だ。このプロジェクトが成功すれば、君もわしもシグマに戻る。2ランクほど上がってな」

伊賀は考え込んだ。このままでも出向期間は通常5年なので3年でシグマに戻れる可能性はある。このプロジェクトをすることで実績がついてさらに早く戻るのも悪くない。さらにあのガマガエルのような課長と仕事をすることもない。

伊賀は深く息を吐き、決心した。

「わかりました。ただ一つお願いがあります。このプロジェクトのメンバー選択は任せてもらいたいと思っております」

専務が予想していたかのように返答する。

「それはできない。すでにメンバーは決まっている」

「え？　誰ですか」

社長が伊賀に言う。

「青海ＥＳの柳川という男だ」

「まさか？　その方だけですか」

「ああ。大勢が関わるとどこから情報が洩れるかわからんし、二人で十分だろう」

伊賀は社長の眼力に抑えられるように無言になった。

「本日の17時に辞令を出す。君は明日から青海ＥＳの社員だ。すぐに引継ぎ準備をしなさい。あとの指示は後ほど連絡する」

社長の言葉通り、速やかに、そして、めちゃくちゃな人事異動は出された。

偽りの人事異動とはいえ、伊賀を見る周りの目は冷やかなものだった。

吉永は涙目で伊賀に言った。

「伊賀さん、大丈夫ですよ。また青海製鋼に戻れますよ。だから、頑張ってください」

鼻をすすりながら涙でぐちゃぐちゃになった顔で言った。

伊賀の上司である課長ははれ物に触るかのように言った。

「だから、あまり刺激的なことをしたらダメだって言ったじゃない。あと社長は僕のことは何か言っていた？」

「いえ、課長は全く関係ありませんから大丈夫ですよ」

伊賀はいら立ちを抑えるように冷静に言いながら、職場をあとにした。


会社の玄関ホールでふと背後に視線を感じた。

それは伊賀の同期の甲賀だった。

甲賀は伊賀の肩あたりまでしか背丈のない小さな男だ。薄ら笑いを浮かべながら言った。

「俺の邪魔をもう二度とするな」

伊賀は振り向く。

「私は邪魔をしたとは思っていない」

「いやお前は邪魔ばかりしている。お前さえ来なければ、俺は2年前に新規事業企画課に行くはずだった。そこにお前がシグマ本体から子会社に降りてきた」

「なにが言いたい」

「お前はいつも俺の行く先行き先をかき回す、だから、今回の左遷は当然の報いだろう」

そう言って伊賀に背を向けエレベータホールに向かった。

甲賀は伊賀の親友だった。いや、元親友と言うべきだろう。

二人は高校野球部で知り合い、大学も同じ学部になった。喧嘩も数知れずしたが、無二の親友と思っていた。

しかし、就職活動で同じシグマ自動車の面接を受けて、伊賀は合格し、甲賀は不採用だったことから、二人ははじめて別の道を歩むことになった。

それから8年、伊賀はシグマ自動車から子会社の青海製鋼に出向し、そこで二人は再会を果たした。青海製鋼は甲賀が入社した会社だったのだ。

再会をしたときの甲賀の目は親友としての優しさはなく、その言葉には怒りを感じるほどだった。

理由は明白だった。青海製鋼の経営陣のほとんどがシグマ自動車からの出向であり、甲賀のようなプロパー社員はせいぜい課長までとされていたのだ。その中でも甲賀は新規事業のプロジェクトリーダーを務め、そのまま新規事業部に編入されるはずだった。

しかし、伊賀が青海製鋼に出向となり、甲賀は押し出される形で製造管理に配属となった。伊賀も甲賀と関係修復を図ろうとしたが、甲賀の誤解は解けないまま、２年が経ったのだ。


伊賀は翌日から極秘プロジェクトを開始することになった。

伊賀が向かったのは、東京郊外の葛西にある雑居ビルだ。３階が事務所、５階に伊賀の住居が用意されている。つまりここに住み込みで働くことになったのだ。

オフィス部分には8畳くらいの部屋に机が一つ、そして書棚が一つ、そっけない部屋であるが、新生活を送る学生が初めて一人暮らしをしたような気分で少しワクワクしていた。

持ってきたスーツケースを置いて窓の外を眺めていると、コンコンと扉が叩かれた。

「はじめまして。自分は、青海ＥＳの柳川です。本日9時にここに来るようにと」

そこに立っている男は、長髪で青白い顔の半分が隠れており、細い眼から放たれる視線は床に向けられていた。そして、まるでゲゲゲの鬼太郎にように、横じまのベストのようなものを着ている。

「えっと、私は伊賀と言います。シグマ自動車に入社し2年前から青海製鋼に出向し、そして今回は……えっと」

「ひょえ、自分と同じじゃないですか。私もシグマから青海製鋼、そしてここですよ。ともかくよろしくお願いします。では早速指示を」

「指示と言ってもですね、えーととにかくやってみないとわからないですね」

二人は今後の仕事の進め方を早速話し合った結果、伊賀が理想の上司像に関する情報収集を行い、柳川がそれを人工知能に教えていくというシンプルな進め方に決めて、早速取り掛かった。

STORY 2 リーダーシップ

宅急便が続々届く。

「ひょえ、今日でこんなに来ましたよ。伊賀さん。自分だったらこんなに読めないですよ」

柳川が部屋の片隅に積み上げられた書籍の入った段ボールをたたきながら言った。

伊賀は届いた本を分別し、書棚に並べていく。

人工知能に情報を覚えさせる時には、定義が大事だ、と柳川が言った。

AI上司を最高のリーダーに育てるには、リーダーとは何かというところから教えなければならないわけだ。

しかし伊賀は今まで部下を持ったことはなかったので、リーダーについて学ぶ機会はなかった。

そもそも伊賀はリーダーになろうと思ったことはない。リーダーを面倒な仕事と思っていた。

会議は増えるし、責任も増える、おまけに働く時間も増えるのに、給料はそれほど上がらない。そう考えていたのだが、リーダーを作るという仕事に直面した今、もう少し勉強しておくべきだったと後悔していた。

「柳川さんは管理職だとかに興味はないのですか」

伊賀はぺらぺらと本をめくりながら柳川に聞いた。

「自分は、ないです」

柳川はきっぱりと口を結んだ。

伊賀は会話があっけなく終わったので、作業に戻った。すると2分ほど空いたのち柳川が言った。

「伊賀さんは、なぜAI上司の企画を考えようとしたのですか」

伊賀は重たい段ボール2箱をずしっと降ろし、肩で息をしながら答えた。

「えっと、まあ、とっさのひらめきというか、前の上司があいまいな人で、もっときっぱり答えをくれる上司がいればいいな、と思っていたんですよね」

「ひょえ、そこからAI上司ですか」

「柳川さんはAI上司をどう思いますか？」

柳川は目を細くし頬をすぼめて言った。

「自分はどうでしょう。やれと言われただけですし」

そう言ってキーボードをたたき出した。

また会話が終わった、と伊賀が思って作業を始めると、柳川が話し出す。

「そもそも、自分は上司だとかリーダーって、バカだと考えている人なんですよね」

「え？　どうしてですか？」

「リーダーとか言っても、しょせん立場を誇示したり、上から命令したり、僕らの自尊心を傷つけたりと……はっきり言ってゴミですよ」

「そんなこと言うと、柳川さんの上司の方は悲しみますよ。そもそもリーダーがいないと、みんながまとまらなくなり、好き勝手な烏合の衆になっちゃうじゃないですか」

伊賀は最大の配慮と嫌味を交えて言った。

「それは伊賀さんに〝上司運〟があったからですよ。そんな理想のリーダーに出会うのは、宝くじが当たる確率程度じゃないですか。その意味ではＡＩ上司は興味がありますね」

柳川は不気味な笑いを浮かべた。

伊賀は、それ以上は深入りするべきではないと考えて話題を変えた。

「柳川さん、本当に『リーダーとして必要な行動』をＡＩに教えていくとその通りに実行するんですか？」

「変な理屈かもしれませんが。ただ、今はオンラインの辞書などを覚えているだけですから、まあ、大学卒業レベルの学力ですかね」

「えっと、つまり新入社員に、私は理想の上司論を教えていくというわけですか」

「こいつらは、伊賀さんの教え方次第で良いリーダーになるかが決まるというのは間違いないですね。ただ注意しなければならないのは、一度教えたことを取り消すことはできないということです」

「え？　どういうことですか？」

「わかりやすく申し上げると、人間と同じですね。一度教えられたことを『さっきの忘れてくれ』と言われても完全に忘れることはできませんよね。このAIのプログラムも自身で学んでいくものなので、過去にさかのぼってある部分だけを消すということはできない」

「じゃあ、間違ったことを教えると……」

「リセットです。すべてをリセットするしかないですね」

「そっか……まあ、やってみないとわからないですね」

そう言いながらも伊賀は固まっている。

「伊賀さん、どうしました。さっきからフリーズしていますよ……」

柳川はキーボードをたたく手を止めた。

「えっと、いやあ、間違っちゃいけないと思っているとさっそく壁にぶつかったみたいです。リーダーとしてまず持たなきゃならないことを書き出したのはいいとして……」

「ひょえ、ノート3冊も出ているじゃないですか？　で、今は『リーダーシップ』の具体的な行動を洗い出しているという工程ですね」

「ええ、ところが書いてみると、相反するものが出てくるのです。本によって書いている定義も違うし」

柳川は「あ、本当だ」と相槌を打った。

「例えばこの本ではリーダーシップは〝強い指導力でメンバーに影響を与える〟とあります。でもこの本では〝チームの引き立て役としてメンバーの力を引き出す〟とあります」

「ふむふむ」

「結局どっちが正しいリーダーシップなのかということです」

柳川は本をパラパラめくりながら言った。

「……正しいリーダーシップってないんじゃないですか？」

伊賀はいぶかしげに柳川に聞き返した。

「ないって……それじゃ、ＡＩに教えられませんよ」

「ですね。でも自分の考えではそうなんです。わかりやすく言いますと、織田信長がいますよね。信長が徳川家康風のリーダーシップを取ったとしてうまく行くのか、という質問です」

伊賀は躊躇しながら答えた。

「えっと、信長らしくないんじゃないですか、と思います」

「ですね。だから、上司と部下の問題が発生するんじゃないですか？　信長についていきたい人は信長についていけばいいし、家康についていきたい人は家康についていけばいい」

伊賀は腑に落ちないような顔で返す。

「まあ、柳川さんの理論は間違ってはいないかもしれませんが……今は戦国時代じゃないですよ」

「だから自分は、リーダーシップというのは、そもそも存在しないと考えているわけです」

※　※　※

【リーダーシップの6つの形】

リーダーになるにはリーダーシップが必要である。

これは当たり前のことかもしれません。

なぜならリーダーシップがないとメンバーの方向性がバラバラになり、全員の力が引き出せなくなるばかりか、組織的な行動ができなくなるからです。

ではどのようなリーダーシップが最も良いのか？

この問いには多くの方が即答できません。実際に多くのリーダーは自分自身のリーダーシップに自信がなく、実際にチームがまとまらなくて困っている方が多いのが現実です。

先日ある研修生の方からこのような悩みを聞きました。

「私が周りから優しいと言われており、それではいけないと思い厳しい指示や命令を出すようにしたところ、部下がより距離を置くようになってしまいました。リーダーに向いていないということなのでしょうか？」

どうやらこの方は、厳しく命令形の指示を出すタイプを目指したようです。

しかし、自分に合わないリーダーシップを私は敢えて取らなくてもよいと考えています。なぜならリーダーシップにはいろんな形があるからです。

例えば、平常時に取るべきリーダーシップと緊急時に取るべきリーダーシップは異なります。平常時は、部下に任せたり、部下の教育を中心に置いたリーダーシップを取ったとしても、緊急時には強い命令を使うリーダーシップなどが求められるからです。

部下の個性や職場の雰囲気などによってもその時に有効なリーダーシップは違います。ですから優秀なリーダーは、その場によってリーダーシップを使い分けるのが上手なのです。言い換えればリーダーシップには絶対的な正解は存在しないということなのです。状況とメンバーなどによっていくつかのリーダーシップを使い分けることが必要なわけです。

ここではいくつかのリーダーシップの形を紹介しましょう。

◆「民主的リーダーシップ」

これはメンバーの意見を尊重し、みんなで決めるというリーダーシップです。例えば会議で意見が対立し決定できないときに、とことんまで討議して全員の合意を取り付けるなどの方法が挙げられます。

メリットはメンバーの合意が得られるのでチームの和が生まれやすいですが、デメリットは決定まで時間がかかることが挙げられます。

◆「命令型リーダーシップ」

これはリーダーが独断専行で決定しそれを部下に指示をして行動させるリーダーシップです。この方法のメリットはメンバー全員に、即座に思った行動をとらせることができることで、すぐに目標を達成することができる点です。

デメリットはメンバーのモチベーションが下がることです。

例えば災害時などに、即座に対応する場合はこのリーダーシップを使います。

◆「コミュニケーション重視型リーダーシップ」

この方法は部下と仲間意識を構築し、いわゆる仲良しになることを重視したリーダーシップです。敵を作りにくいので、部下が自発的に動くというメリットが期待できる一方で、方向性がぶれたり、組織の規律が守られにくくなるデメリットもあります。

◆「自立型リーダーシップ」

これは率先してリーダー自身が成果を上げることで、メンバーにその行動を追随させるタイプのリーダーシップです。

職人の世界や上下関係が厳しい職場や、プロジェクトの立ち上げ時期などには良い方法ですが、部下の育成やモチベーション向上にはあまり良い影響を与えないこともあります。

例えば職場でリーダー自身が清掃を始めるという行動も、このリーダーシップにあたります。

◆「ビジョン型リーダーシップ」

このリーダーシップは、メンバーに将来の夢や方向性、目指すものを語りかけて共感させて自発的に動かすことができる方法です。

部下同士が対立した時に「私たちの目指しているもの」などを話し、お互いの妥協点を見出したり、モチベーションの低い部下に意識づけをすることができます。

デメリットは即座の判断や明確性がないために、すぐにチームの行動が変わるわけではないことです。

◆「コーチ型リーダーシップ」

このリーダーシップは部下の成長を重視したものです。部下の能力を把握し、それを最大限発揮させることができます。

長期的にはメンバーの成長が期待できるのでメリットが多いが、モチベーションが低い職場では効果が出にくいのがデメリットです。

これ以外にもリーダーシップはあるのですが、これらのリーダーシップを場面と人に対して使い分けたり、ミックスして複合的な効果を目指すことが本当のリーダーシップの形です。

本当はこれらのリーダーシップをすべて使いこなすことが求められているのですが、それは現実問題難しいと思います。私自身も苦手なリーダーシップ方法があります。ですからせめて３つは使えるようにしたいものです。

※　※　※

STORY 3　リーダーシップは使い分ける

「リーダーシップは必要であり、しかも、それをいくつか使い分けることが重要ということですね」

伊賀は本を読みながらリーダーシップを分類してみた。

「ひょえ、分類できたじゃないですか。自分ならできないですね」

伊賀は「ふう」と下唇を突き出して息を吐いた。柳川は指さしながら言った。

「伊賀さんは民主的ですかね」

「え、ちょっと待ってくださいよ？　私はどちらかというと命令型だと……」

柳川は笑いながら言った。

「伊賀さんは命令じゃないでしょ。周りとぶつからないタイプじゃないですか」

「そうですか、初めてそんなこと言われちゃいましたよ。柳川さんはどのタイプの上司が好きですか」

「自分は、どんなリーダーシップも嫌ですね。そもそも上司なんてバカだと思っていますから」

柳川は真剣な面持ちで、昔を思い出しているようだ。

「柳川さんは褒められたいタイプですね。じゃあ、このＡＩには柳川さんがついていきたいと思うようなリーダーになってもらいましょう」

「私の理想の上司を……作るのですか」

柳川は伊賀が書いた項目をＡＩ上司に打ち込んだ。

※　　※　　※

STORY 4　判断と決断

ＡＩには、まずリーダーシップという機能が搭載された。

伊賀は柳川に言う。

「やってみないとわからないですけど、まだこのパソコンの中に上司がいるって感じが全くしないですね。このペースじゃ数年かかりそうですね」

「結局、人間にたとえると胎児の前の細胞分裂段階ですね。そのうち学習し出したらすごい勢いで成長しますよ」

「それは面白い。社長からは年内に実用化するようにと指示を受けていますからね」

柳川は表情を固くして伊賀に質問した。

「伊賀さん、この前自分にこの企画を考えたきっかけを話してくれたじゃないですか？」

「えっと、ああ、前の上司のことですね」

「その人って、確か……判断があいまいだと言っていましたよね」

「ええ、よく言えば周りに調和するというか……そんな感じです」

「自分の意見ですが、上司はあいまいなほうが、いいこともあるのではないかと」

「どういうことですか？」

「例えばですよ、現場でできる判断をあれやこれやと言ってくるバカだとか、一度決めたら間違っているのに覆さないバカなどもいるわけです」

「うーん、そんな見方もできるのですかね」

「ええ、ましてやこれからＡＩが導入されてくれば、こういうバカは一掃できるわけですよね」

伊賀はバカという言葉に反感を覚えながら返した。

「でもＡＩがすべてを決める世の中に本当になるのでしょうか」

「もちろんです。上司が決めることなど、ほとんど機械で判断できることですよ」

伊賀は、あふれる違和感を抑えるように言った。

「まあ、おっしゃるように判断は人間がしなくても済むかもしれません。でも決断はＡＩじゃできないんじゃないですかね」

「ひょえぇっ。判断と決断って違う……知らなかった」

※　　※　　※

【判断と決断は大きく違う】

判断と決断はよく混合して使われますが、どちらもリーダーにとっては必要な要素です。

まず判断と決断の違いについて知っておく必要があります。

判断とは、自分の考えをまとめることです。

そのために、裏付けとなる情報を取ったり、論理的な根拠を用意することが必要となります。


次に決断とは「きっぱりと決めること」と表現されます。

一見、判断とほぼ同意に見えるのですが、実は内容は大きく異なります。

それは判断と決断をした際に背負うものが異なります。


判断の裏にあるものは「リスク」です。それに対して決断の裏にあるものは「デンジャー」です。

リスクはアラブ語で「明日への糧」と表現されて、積極的に冒していくものですが、デンジャーは直訳すると「危険」ですから避けるべきです。

つまり決断は時には生死にかかわるほど影響度の大きい判断と言えます。

また判断は情報を集めたり、対策を考えることなどで精度を高めることができますが、決断は情報を集めることができないか、そもそも情報を集めても精度が高くなるものではないので、ある意味ギャンブル的な要素が大きいのです。


決断はその名の通り、「断つものを決める」という側面もあります。

つまり切り捨てるものや断ち切るものを決めるということは痛みを伴います。

例えば、転職をするにあたり難しいのは、行き先を見つけることよりも、今の職場から退職することを決めることだと言われています。

つまり、転職先を決めるには様々な情報を得たり、周りに相談して助言を得ることで精度を高めることができますので「判断」と言えます。

しかし、今の職場を退職するのは、情報を集めたり、周りに相談してもほとんど精度は変わりません。なぜなら、辞めるということが良いことか、悪いことかは、結局は辞めなければわからないからです。ですから「退職を決める」のは決断と言えます。

人口知能が判断することは、判断の機軸がしっかりとあり、数値化できるものは可能かもしれません。

しかし、私は「判断」も「決断」もリーダーがこれからもし続けなければならない重要な行動だと思っています。

チームを動かす判断は、正解がないからです。

つまり、ＡＩが一部の判断を担うことになりますが、その一方で、ＡＩが決めることができない高度な判断や決断がリーダーに求められるからです。

※　※　※

「確かに決断は、人間にしかできないかもしれませんね」

柳川は細い目を輝かせながら言った。そして続けた。

「ただし、どちらかを選ぶ基準を決めなければならないですね」

「基準って、どんな基準ですか」

「判断をする際に一番優先させる要素です。実はいいモデルがいます。前の上司は自分の利益しか考えていませんでしたからね」

「えっ、確かに基準は必要ですが、利益優先というのはどうかな……」

柳川は笑顔を繕《つくろ》いながら提案した。

「まあ、そんなことより話は変わりますが、伊賀さん、このＡＩにそろそろ顔を作ろうと思っているんですよ。誰がいいですか」

「顔……おもしろい。確かにこのデスクトップから指示を出されると機械に操られているようで嫌ですね。それに表情がないと伝わらないですからね」

「ではどうぞ、伊賀さんの理想の上司の顔を選んでください」

そう言うと柳川はまるで犯罪者のモンタージュ写真のように数多くの写真をスライドのように並べ出した。

「ちょっと待ってください。そんなに多く出されるとわからなくなりますよ。……そうだ、女性上司がいい」

「自分も賛成です。では素材を変えてまた提案します」

STORY 5 問題解決

AI上司が覚えるデータ量は毎日増えていった。例えば上司としてのマナーだったり、法律知識だったり、ゴルフや旅行などの雑学も叩き込んでいく。

「そろそろ製品化できるんじゃないですかね」

伊賀が目を輝かせながら柳川に言うと
「はい、自分もそう思います。ただボスがなんと言うか」

「だって、これ、面白いですよ。ほら見ててください」

そう言うと伊賀はＡＩのプログラムに向けて話した。

「えー、私はあなたの部下になる伊賀と言います。よろしくお願いします」

ＡＩ上司は返す。

「認識しました。あなたは社員番号７６３６２９伊賀誠ですね。何か私に指示を仰ぎに来たらＹを、相談ならＳを、その他の行動を要求するならＨを押してください」

「ボスに見せてもいいですが、あくまで開発中とは言っておいてくださいね。あくまで途中経過ということで」

「うん、柳川さんも一緒に行くんですよ」

「自分は無理です。ここで仕事を続けます」

「私じゃ専門的なことはわかりません。お願いしますよ」

二人は３日後社長のアポを取り、ＡＩ上司の試作品をプレゼンした。

しかし社長の反応は、柳川の予想通り厳しいものだった。

「はっきり言って落胆した。このような段階で私に見せるなど……」

専務がとりなす。

「ま、社長、今回は第一段階ということで」

社長が専務を鋭い眼光でにらむ。

「おい、わしが適当という言葉が大嫌いなのは知っているだろう」

「は、はい、もちろんです。仕事は完全でなければなりません」

「これは完全には程遠い。この程度なら新入社員にリーダーをさせたほうが、幾分マシだ」

伊賀が食いつく。

「あの、ちょっと待ってください。確かに完璧ではありませんが、リーダーとして必要な知識はすべて覚えています。何がお気に召さないのでしょうか」

「完全じゃないことだよ。部下が見てまさかＡＩだと思わないレベルにならないと話にならない」

「そんな……極秘だと実験もできないのにそれは……」

社長は少しニヤッと笑い返した。

「じゃあ、実際に使ってみればさらに完成度が増すということか」

「まあ、そうですね。やってみないとわかりませんが、野球のルールなど知識を完全に身につけても、実際に試合に出ないと改善点がわからないと思います」

「伊賀君、君は私の見込んだだけある。確かに筋が通っている、おい、お前はどう思うんだ」

社長は柳川を目で差した。

柳川がこわばった表情で返す。

「はい、自分も伊賀さんと同じ意見です。バグとりもかねてテストをした方がいいと思います」

「誰もバグ取りの話はしていない」

社長は一喝して柳川は〝ひっ〟と高い声を出し縮み上がった。

そして数秒たって社長は伊賀に言った。

「伊賀君。君、プロジェクトリーダーになれ」

伊賀も驚いたがそれ以上に驚いたのは専務だった。

「社長、まさか……」

「ははは、いいと思わんか。伊賀君がリーダーに昇格し部下を持つ、しかし海外プロジェクトリーダーも兼務している。だから、直接現場に行けない」

伊賀はその続きを答えた。

「なるほど、遠隔でAI上司が試せるということですか」

「さすが、シグマ出身だ。話がわかる。伊賀君、君はコスト削減プロジェクトのリーダーになりたまえ」

専務が顔色を変える。

「社長、お言葉ですが、あのプロジェクトはすでにリーダーの内示も出しています。それにテストで使うにはちょっと……」

「君は前例ばかり考えるな。コスト削減には私情は不要だ。だからAIが実施するには最適じゃないか。それにあのプロジェクトはシグマ自動車からの方針で作られたものだ。ここで成功すれば、AIを使った管理職の成功例になり、グループ会議で発表も可能だ」

伊賀が頭を掻きながら社長に言う。

「えっと、お話は理解できましたが……わからないことがあります。私の代わりにAIが仕事をするとなると、私はどうすれば……」

「この世で伊賀君は二人存在してはいけない。君には当分、事務所の建物から出ることは禁止だ」

社長の主張に伊賀は低い声を出すしかなかった。

「そ、そんな……」

「まあ、外に出られないくらい仕事に打ち込めるじゃないか。もちろん、AI上司が完成したらその分長期休暇を取らせてやる」

そうして伊賀の名称はリーダーであるが、職位的には課長に昇進した。

「伊賀さん、できましたよ。ほら」

柳川がタブレットを伊賀に見せる。

そこには伊賀が映っている。

「うわっ。これ俺……」

「はい、女性上司の素材が手に入らず困っていたんです。ちょうどよかった。着任動画メッセージも完成しています。ほら」

柳川は動画を流す。そこでは伊賀がメンバーに対して挨拶をしている。

もちろん伊賀本人ではなくAI上司である。

伊賀は複雑そうな顔で見ている。

「これを親が見るとなんと言うか……」

「ご両親もお喜びになるでしょう。初のAI上司がご子息ですから」

柳川は自慢話のように苦労談を語っているが、伊賀は自分のクローンが作られたようでまだ信じられないような表情だった。

着任日当日、何度かテストが行われていた。

「ではそろそろ本番ですよ」

柳川は真剣なまなざしでモニターを切り替えた。伊賀はただモニターを見ているだけだ。

モニターの向こうには6名のメンバーが緊張した表情で待っている。

「では、動画再生をスタートします」

全く別人の伊賀が画面の上で、5分ほど方針などを話す動画だ。

「みなさん、はじめまして、私が今度リーダーを拝命しました伊賀誠です。どうぞよろしくお願いします」

するとモニターの向こうの部下たちは一斉に「お願いします」と頭を下げた。

伊賀は彼らが初めてAIに使われた人間だと知ったらどう思うのかな？　と考えていた。


こうしてAI上司の業務がスタートした。

実際のオペレーションはこうだ。

伊賀と柳川はモニターでAI上司の活動をコントロールする。メンバーはAI上司に話したいときには、特別に作ったテレビ会議システムで呼び出し、やり取りをするというわけだ。

早速、部下の一人からオーダーが入ってきた。

「お、早速来ましたね。初上司の仕事ですね」

柳川は興味津々、画面を打ち込む。

「ええ。あのリーダー。聞こえますか？　私、内田と言います。よろしくお願いします」

「感度は78％良好です。あなたのことは知っています。社員番号３９９８の内田孝之さんですね。こちらこそよろしくお願いします」

「で、課長、着任早々申し訳ないのですが、大変なことが起きまして……」

「その問題を明確に伝えなさい」

「ええ、実は人事部と調整するために製造部の人員削減案を作ったのですが、誤って、製造部長に送ってしまいました。すいませんでした」

画面越しに内田は頭を下げる。

伊賀は頭を抱えながら声を漏らした。

「おいおい、何てことしてくれたんだ……まずいことになった」

しかし、ＡＩ上司は冷静に淡々と指示を出した。

「内容は理解した。その問題に対しての指示を出す。相手にお詫びしろ、が80％だ」

「80％……あ、わかりました。すぐにお詫びします。申し訳ありませんでした」

そう言って内田は画面から消えた。

柳川は大喜びだ。

「見ました？　完璧じゃないですか。あれが人間の上司だったら『何てことしてくれた、どうしよう』ってうろたえるだけですよ。AIだったら処理時間はたったの2分ですよ」

「そのうろたえるって私のことですか？」

「ひょえ、すいません。自分はつい思ったことを言っちゃう癖がありまして」

伊賀は顔を曇らせて言った。

「まあ、どうせ私は不完全ですからね。それはそうと、なんか話し方がおかしくないですか？」

「了解しました。話し方ですよね。確かに不自然ですが、それは微修正をしていきますよ」

「なんですか、あの80％って？」

伊賀は柳川に尋ねた。

「えっと、バグですね。80％の精度で過去のクレーム処理データから分析したベストな方法だということです。ただ、それは伝えるべきではないですね。修正します」

「そうか、過去のクレーム処理記録から瞬時に割り出す……で話し方もおかしいですけど、あの指示の内容もおかしいと思うのですけど」

「自分はおかしいとは思いませんが……正確には81・２％の確率であの指示を過去の上司が出していたようです」

伊賀は腕組みして考えていた。するとまた画面にアラームが鳴った。

画面には蒼白な顔をした内田が映っている。

「課長、まずいことになりました。製造部長にメールでお詫びを送ると、『メールで謝罪とはどういうことだ』とさらにカンカンです。どうしましょう？」

するとAIが瞬時にこたえる。

「なるほど、その問題に対しての指示を出す。相手にお詫びしろ、が80％だ」

「え。お詫び……心からお詫びしろということでしょうか？」

伊賀は突然AIを強制終了した。柳川が慌てながら叫ぶ。

「ひょえぇっ、何するんですか。伊賀さん」

「だって。これってお詫びするだけで済ませるようなことじゃないですよ」

「しかし、過去の当社のクレーム処理のデータベースではお詫びを……」

「でも、これで本当に問題を解決するのでしょうか？」

※

※

※

【真の問題発見の視点】

リーダーの仕事は問題解決と言ってもよいでしょう。

上司からの難題や部下からの相談、目標数値とのギャップなど、多くの問題を抱え、それを解決しながら仕事をしているのです。

ですから問題解決は非常に重要ですが、私たちはそれらを感覚的に処理したり、問題解決を避けようとすることがあります。

リーダーとして問題解決の方法はしっかりと習得する必要があるのです。

まず、問題解決とはなにか？　ここから考えていきましょう。

トラブルが起きて適切にうまく処理をする、私もリーダーになった若いころはそう思っていました。前職のスーパーではお客様の怒りを鎮めるプロとして自称〝問題解決のプロ〟と思っていたほどです。

しかし、これは間違いです。

真の問題解決は〝トラブル対応力〟ではなく〝問題を発生させない力〟と捉えるべきでしょう。

つまり、一度起きた問題を二度と発生させない本質的な問題解決がリーダーに求められているのです。

本質的な問題解決は問題の捉え方から始まります。

これを問題発見と言います。

クレームが発生したという事例があれば、クレームが発生したという問題の捉え方だけではなく、そもそもどうしてクレームが発生したのかという問題視点を増やすことで本質的な問題解決に入ることができます。

なぜならクレームが起きたという問題の捉え方だけでは、〝どうすればクレームを処理できるか〟という表面的な処理にとどまってしまいます。

このクレームが収まったとしても、根本の問題は解決されていないので再び同じトラブルが発生する可能性が高くなるので、本質は何も解決していないことになります。

ですから、問題が発生した時には、「見える問題」（現象面の問題）と「見えない問題」（本質的な問題）の二側面で問題を捉えて解決しなければならないのです。

※　　※　　※

伊賀は柳川に強い口調で言った。

「柳川さん、私がＡＩの代わりに直接内田君と話せますか」

「それは可能ですが、リスクがあります。ネクタイの色……それにスーツ、背景も変わっているのでまずいです」

「音声だけでもいい」

「了解です。行きますよ、いいですか」

「はい。お願いします」

そう言って内田と回線をつないだ。

「内田さん、電波状況が悪いので音声だけで話します」

「あ、はい、良かった、繋がって」

「まず製造部長に直接お詫びをする一方で、人事と連携して対応を急いでください。それから、今回なぜこのようなことになったか原因を明確にしてください。そのうえで再発防止策を報告すること。私からも製造部長にはお詫びを入れておきます」

「は、はいっ。わかりました」

「そして同じ失敗が起きないように、必ず自分で二度チェックして、そのうえで周りの人に再度チェックをしてもらってメールを送るようにしてください」

「あ、ありがとうございます。すぐに行います」

そう言って内田は走って画面から消えた。

「いい。すごくいい。それだ。今のはＡＩに学習させます」

柳川はすぐにパソコンに向かって処理を始めた。

STORY 6 優先順位設定力

「伊賀さん、買ってきましたよ。今日は唐揚げ弁当です」

柳川はそう言って伊賀の前に弁当を置いた。

「はあ、さすがに一か月この弁当を食い続けると、あのうまくない社員食堂の定食でも食べたいです」

柳川はからかうような軽い笑いを見せて言った。

「変装して外出するというのはどうですか？」

「いえ、もし社長にばれたりしたらとんでもないことになりますから」

柳川は腕を組んで言った。

「そうですね。ボスは蛇のような性格ですからね、見張りがどこにいるかわかりませんし」

「でも、親切なところもあるようですよ。これも役立っていますし」

そう言って、オフィスの片隅にある自転車型のフィットネスマシンに腰かけた。

柳川は冷めた目でそれを見ながら返す。

「もっとも、こんなもので汗を流す時間なんてないですけどね。それはそうと、解決しなければならないことが起きました」

「また問題ですか？」

「これを見てください。タスクが想定より溜まりすぎてきまして」

伊賀は画面を見た。

ＡＩがまだ処理を済ませていない問題が36ほど溜まっている。

「処理が溜まっている状態ですね。どうしてこんなに溜まっているんですか？　ＡＩなら瞬時に処理できるはず」

「本質的な問題解決のプログラムを入れたことで、情報を集めさせたり、会議させたりと処理に時間がかかるんですよね」

「なるほど、で、この赤くなっている案件は？」

「これは回答期限です。例えばこれは総務からのエコキャンペーンの進捗状況報告、これは部下の中谷さんからの出張申請、これは部下の山下さんからの企画書確認依頼、両方とも本日中の期限です」

「なるほど、リアルですね。でもこれだけの仕事を抱えているってことは……」

柳川は空気を漏らすように笑った。

「ふふ。メンバーの作業量が膨大に増えて、コスト改善チームが残業コストを他の部署より多く使っていると批評も出ています。まったくバカな話ですよ」


その時、伊賀の携帯が鳴った。専務からだった。

「困るじゃないか。どんな仕事の仕方をさせているんだ」

「は？　なにか……」

伊賀はおおよそ見当がついていたが、まずはとぼけた。

「ＡＩだよ。社長や周りの部署からクレームが来ているぞ」

「どんなクレームですか？」

「部下の教育は全くしていないし、他の部署との根回しもできていない、仕事も後手後手に回っているらしいじゃないか」

「専務、今はですね、多くの仕事が処理ができないほど来ており、まず期限のあるものから優先的に処理を……」

「ばかもん、社長はこうおっしゃっているぞ。そんな目先のことばかりする上司などいらん」

「は、はあ」

「まったく、それじゃ新入社員の仕事の進め方じゃないか」

※　※　※

【優先順位は期限だけでつけない】

リーダーが陥りやすい仕事の失敗で代表的なものが「多忙」です。

忙しくなるあまりに、目の前の仕事にとらわれて、本来やるべき仕事を後回しにしてしまい、その結果さらに仕事が増えるという悪循環に陥ってしまいます。

仕事の優先順位をつける、このようなお話を講演などでするのですが、ほとんどの方はすでに理解しています。しかし、実践されている方は非常に少ないのが実情です。

中には優先順位をつける時間もない、だとか、すべて優先順位が高い、と答える方もいるほどです。

しかし、このような仕事の仕方ではさらに仕事が増えます。もちろん時間は増えませんのでどこかで限界がやってきます。

ですから、忙しい時ほどすべての仕事をやろうとしてはいけません。

優先順位設定をする際のステップは、タスクを一覧化することです。

それも手帳などに書き出してみる習慣をつけましょう。

そうすることで、全体が把握できます。

それから優先順位をつけていきます。

これが次のステップです。

ここで気を付けるのは緊急度「期限」を過大に評価して順番をつけないことです。

リーダーの付けるべき優先順位は、重要度（影響度）のウエイトを大きくしないとなりません。

例えば私の場合で言うと、原稿の締め切りや、部下からの企画書のラフ案のチェック期限、同窓会の返信期限などが当たります。

期限は守らなければならない、のは常識ですが、一方で期限だけで順番を組むと、大きな失敗をしてしまいます。

重要なものが後回しになってしまうのです。

ですから優先順位を決める際には、緊急度と重要度二つの軸を組み合わせて「マトリクス」の思考で優先順位を決めなければなりません。

インバスケットでは先ほどの期限の軸「緊急度」とその案件を処理しないときに発生する影響「重要度」の二つの軸で順番をつけていきます。

次のマトリクスを見て頂ければわかりますが、二つの軸で私たちが抱えている仕事を分割すると４つの象限になることがわかります。

Ａの象限は緊急度、重要度共に高いので優先順位が高くなります。

短期的にはＡの象限の優先度を上げるべきですが、実はＡの象限の原因はＢの象限の仕事がおろそかになっていることなのです。

ですから、中長期的にはＢの象限の仕事の優先度を上げるのがリーダーとして求められる仕事なのです。

※　※　※

伊賀と柳川はＡⅠ上司が抱えている仕事をマトリクスで分類してみた。

「つまり、仕事のマッピングですね。当然先に着手するべきは……」

柳川は納得した顔で言った。伊賀もマトリクスを見ながら言う。

優先順位実行マトリクス

緊急度高

重要度高 ← → 重要度低

緊急度低

A

●組織としての存続の危険があるもの
●人命の関わるもの
●期限が迫っている業務で、組織の運営上不可欠なもの
●病気や事故
●顧客からのクレーム
●組織の運営に不可欠な機械・装置の故障
●組織の運営の障害になる風評や政治的圧力

C

●期限の迫った形式的な会合・会議
●他部署への臨時の応援
●直接組織運営上問題ない対外会議
●重要でない差し迫った案件
●突然の来訪や電話

B

●部下の育成
●有益な人間関係・信頼関係の育成
●予測される危険の回避行動
●組織としての計画行動
●メンテナンス行為
●財産保全
●企業としての社会的発展
●賞賛される企業への発展行動
●今後の飯の種
●部下の自発的行動の補助

D

●見せかけの仕事
●待ち時間
●現実逃避
●単なる時間の消化
●部下の仕事・判断業務
●移動時間
●休憩時間のレクリエーション
●個人の愚痴

「えっと、まずはA象限をやっつけるべきと思いますね」

「自分は反対です。それだとずっとA象限が増え続けるんじゃないですか？　どうでしょう。全体の半分の時間をA象限にあてて、あとの半分をB象限にあてる」

「でもA象限の仕事を放置するのはどうかと思いますね」

「では対策として、一日3％ずつくらいB象限の仕事の比率を増やしてみては」

「やってみないとわかりませんが、修正を開始します」

「了解。すぐにプログラムの修正を開始します」

専務から「まったく仕事の仕方が変わらない」と言われて2週間。

AI上司のB象限比率は23％まで上昇した。

2週間後に専務からの評価に変化が現れた。

「少し仕事の進め方が変わったようだな」

これを聞いて伊賀と柳川は小さくガッツポーズを取った。

「B象限の仕事はすぐに効果が見えないですからね。少なくても2か月は継続しないと……」

伊賀は自身の仕事にも当てはめようと考えていた。

STORY 7 洞察力

ＡＩ上司が大きな失敗をしでかしたのは、着任して3か月目の月曜日だった。

社長が事務所にやってくるほどの大きな失敗だった。

社長は外を眺めて、大きなため息をつきながら言った。

「とんでもないことしてくれたね。来年の創業１００周年パーティの予算7割カットをシグマ自動車に提案したって」

「は……はい、正確には、私ではなくＡＩ上司のプロジェクトですが」

伊賀を社長は険しい表情でにらむ。

「このパーティは、わしがこの会社の社長として行う最も重要なイベントの一つだ。だから2年前から帝都ホテルに予約を入れ、20名のプロジェクトで進めている。それは知っているはずだが」

「ええ……ただ、この提案はあくまでＡＩが論理的に導き出したコスト削減案でして」

「何が論理的だ。シグマ自動車グループのコスト削減会議で、こんな資料まで作って発表しおって」

「こ、これは……こんな資料作成を指示したかな？」

「黙れ。ともかくシグマ自動車本体から、こんな余裕があるなら納入価格をもっと引き下げろと要求が来ている。どうするつもりだ」

「申し訳ありません」

伊賀は頭を下げる。


事務所に戻り、伊賀と柳川は今回の事態を振り返っていた。

伊賀は今回の判断ミスをＡＩ上司に突きつける。

ＡＩ上司は答える。

「私の判断は間違っていません。会社のトータル予算の３・５％に当たる巨額のコストをかけて行う行事のリターンが見込めません」

柳川もわだかまりを吐き出すかのように言う。

「自分もこいつの出した判断は間違っていないと思いますよ。そんな巨額の経費を使うくらいなら、従業員に還元するべきですよ。あのバカの見栄のために使うなんて究極のバカですよ」

伊賀は口を尖らせて言う。

「そんなこと言うと社長がさらに激怒しますよ。それに社長が威信をかけたプロジェクトですよ。それをいきなり親会社の幹部がいる前で発表しなくても、と思いますけどね」

ＡＩ上司が単調に話す。

「私はそのパーティの情報を資料にまとめた記録が確認できません」

「じゃあ、誰がこの資料を？」

柳川はＡＩ上司に向かって怒鳴った。

「うるさい、だまれ。責任逃れしやがって」

「はい、かしこまりました。ボリュームをミュートに変更します」

ＡＩ上司はまるで録画再生を一時停止するように止まった。

伊賀は定まらぬ考えをまとめようとしていた。

「まあ、事実関係は後ほど確認するとして、会議でその削減案を発表するという判断が問題ですよね」

「ＫＹですね」

柳川がぼそっと言う。

「ＫＹとはググると空気を読むと出ますが」

「確かに判断は間違っていないのですが、ある狭い範囲で判断していること、そして、この先にどうなるかという流れを読んでいないことが今回の事態と自分は考えています」

「ええ、確かに判断は間違っていないと思いますが、それは範囲を広げると間違った判断になる、と思いませんか？」

※　※　※

【部分と全体を見る能力】

リーダーの仕事はメンバーなど与えられた資源を有効に活用し、チームを目標達成に導くことです。

ただし、前提条件があります。それは全体最適という前提条件です。

例えばあなたがあるショッピングセンターに買い物に行ったとしましょう。

すると福引をやっています。１０００円で一回クジが引けるということで、あなたはあるお店に入り買い物をしました。

しかし福引券はくれません。理由を聞くと店員はこう答えました。

「協賛金が高く、効果が見込めないので当店は参加しておりません」

あなたは不満に思うだけではなく、今後のこのショッピングセンターのイベントへの信頼度も低くなるのではないでしょうか？

これを部分最適を優先した全体最適の損失と言います。

実は、会社という組織でも同じことが言えるのです。

ある部署が全体でやっていることに相反する行動をすることで、その部署が目標達成したとしても、全体で不利益になると意味を成しません。

なぜなら、全体の不利益は部署の不利益より影響度が大きく、ひいては長期的に見ると部署の不利益にもつながるからです。

ですからリーダーは全体最適を考えた判断をしなければなりません。

つまり、目先のことだけで判断や行動をしてはいけないのです。

・全体から見てどうなのか？
・先を見据えてどうなのか？

せめてこの二つの方向から自身の判断を検証することが望まれているのです。

これを洞察力と言います。

洞察力は「見えないものを見抜く力」とも言われています。

リーダーとしてメンバーと同じ視点で物事を見てはいけません。

洞察力を意識してリーダーの目を養ってください。

※　　※　　※

STORY 8　部下育成力

電話が鳴った。

柳川が電話を取ると顔色を変えた。

「うぅっ、伊賀さん、社長からです」

伊賀はまた何かやらかしたと、背中に緊張を背負いながら出る。

「はい、伊賀です。先日は大変失礼しました」

「うむ、どうだ、開発の具合は」

「えっと、順調ですね。部下からの上司アンケートでも、現時点ではリアル人間上司より全項目で5％ほど上回っています」

「部下からの評価などはあまり興味がない。私は生産性を求めている」

「生産性ですか……AI上司は社内で起きる様々なトラブル対応データを確実に学習し、日々精度は上がっています。一日当たり79件ほどの判断を処理しており、スピードも先月より23％アップしています」

社長は不満足そうに言った。

「では、なぜチーム全体の生産性が上がらない？　社内で君のチームは何と言われているかわかるか？」

伊賀は言葉を飲み込んだ。

「君がいなければなにもできないチームと言われている。知っての通り、部下を十分使えないリーダーを作ってもらっては困る」

※　　　※　　　※

【能あるリーダーは爪を隠す】

メンバーとリーダーの違いは何か？

それは力のコントロールと焦点の当て方です。

メンバーの頃は、与えられた個人目標を達成するために限界までパワーを出して業務遂行することが求められますし、その結果、自身の能力もさらに伸びていきます。

一方でリーダーは、できることをあえてしないということも求められます。

つまり、出せる能力をコントロールすることが必要なのです。

理由は、リーダーがすべてやっていると、部下の成長が望めないからです。

私が以前いたダイエーでは、創業者の中内切が引退を決めたのは、あるお店の改装オープニングの壇上だったと言われています。

壇上の中内を見る従業員のまなざしが「次は中内さんが指示してくれる」という目だったそうなのです。

つまり、リーダーがすべて判断し指示を出すと、部下は考えなくなります。

考えなくなると、考える力が減ってしまいます。

だからリーダーは自身でできるとしても、あえてしないことが求められるのです。

リーダーになると自身の能力や成績よりも、チーム全体の総合力をどのように上げるのか？　を考えなければなりません。

焦点が自分の成長ではなく、部下の成長に変化するのです。

部下を育てるのに、勉強会をしたり研修をする、と答えるリーダーもいます。

しかし、その多くは成長につながりません。なぜなら部下の成長の7割は経験によるからです。経験とは実際にやらせてみること。特に成長につながるのは失敗する経験だと言われています。

部下の相談に完璧な答えを出す上司は二流です。

一流の上司は、部下に考えさせる余地を必ず作るのです。

※　　※　　※

伊賀はひらめきを口調に反映するかのようにはつらつと言った。

「社長、ありがとうございます。ＡＩリーダーの能力を調整し、チーム全体の底上げを図るように修正します」

しかし、社長は数秒間あけてこう言った。

「いや、そんなことしなくていい。部下もＡＩにすればいい」

「は？」

伊賀は携帯電話を耳に近づけて聞き直した。

「とにかく部下を１００％稼働させてもっと成果を上げてくれ。いいな」

伊賀は首をかしげながら柳川を見た。

柳川はすべてを理解したように言った。

「ボスは部下に興味がないのです。だから『稼働』なんて言葉を使う。昔からそうだった。自分よりできない人間は部下として認めない、そんな大バカですよ」

「え？　柳川さん、これまで話していた上司って、まさか社長のことだったのですか？」

柳川は、心の底から苛立ちを吐き出すように言った。

「17年間ほどやってきましたよ。稼働が悪くなれば放り出す。自分の成果しか興味がありません。伊賀さんも気を付けてくださいよ。稼働が悪いと私みたいに放り出されますよ」

伊賀は声を落として言った。

「そうなんですね」

「まあ、そんなくだらない話より……どうしますか。このまま修正せずにいますか」

伊賀は考えて答えを出した。

「いえ、修正してください。部下からの質問に答えをすぐに言わないようにしてほしいんです」

「了解しました。答えを完全に出さないように修正開始します」

柳川が改良したプログラムはすぐにAI上司によって実行された。

「課長、実は労働組合への提案書ですが、どのように書けばいいでしょうか」

部下の三友が相談に来た。

ＡＩ上司にはその質問への回答は即座に用意されていたが、新しいプログラムが早速起動した。

「三友さん、私はすぐには答えを出しません。まずは自分のアイデアを最低２つ以上は持ってきてくれませんか？　それが、あなたが答えを得る唯一の方法です」

「え……わかりました」

三友は頭をかきながらデスクに戻りうなり出した。

柳川は言った。

「自分は腹落ちしませんね。答えが出ているなら、それを教えて実行させた方が効率的でしょ」

伊賀は答えた。

「やってみないとわかりませんけど……これでいいと思いますよ。確かに効率を考えれば上司が答えを出して部下を動かすのが最短ルートかもしれません。でも、部下に考えてもらって成長してもらわないと、永遠と答えを教え続けないといけませんから」

「ええっ、その発想すごすぎる。のんきですね」

「ええ。でもそれが部下に対する上司の責任じゃないですかね。なのに社長は部下をＡＩにしたらいいなんて……、ショックです」

柳川は答えた。

「自分だけ良ければそれでいいんじゃないですか？　あの人は部下のことなどこれっぽっちも関心ないですからね」

STORY 9 ヒューマンスキル

伊賀は柳川と出前のラーメンをすすっている。

「柳川さん、社長と一緒に仕事ってなにをされていたのですか？」

柳川は表情をこわばらせて返した。

「システムですね。主に制御関係のシステムをやっておりました」

「そこで社長に？」

柳川は眼鏡を曇らせながらラーメンをすすって言った。

「違います。自分は製造を希望したのですが、あの人が同じ大学の先輩で、そして誘われたのが運のつきです」

「それにしても、17年間もずっと上司、部下ってすごいですね」

「気持ち悪いでしょ。あの人が言うには『お前みたいなレベルの低い糞野郎はよそに出すわけに行かない』って」

「ほかの方にも同じ対応ですか？」

「極端ですね。あの人は政治力があったので、できる部下を集める能力だけはあったようです。潰された部下とか病んだ部下とか、ゴロゴロ転がっていたのが実態です」

「厳しいんですね。柳川さんはよくそこで17年間やってきましたね」

「シグマ時代に、自分はゾンビと言われましたね。嫌なこともたくさんやってきました。それでも、あの人は生き残った人間を政治力を使って、必ず出世ルートに乗せました。みんなそれを目当てに頑張ったんです」

「そうなんですね」

「いや、自分の勘違いです。出世ルートに乗せて本社中核に人材を送ったのは、部下のためじゃなくて、自分のためだったのですよ」

「そんなことないんじゃないですか」

「いえ、間違いない。理由はシグマから青海製鋼に出向になるときに、あの人は過去の部下にこう言ったんですよ。『何のためにお前たちをそのポジションに置いていると思っているんだ』って」

柳川はさらに険しい顔をして返す。

ちょうどラーメンを食べ終えた柳川は、額からこぼれてくる汗をぬぐって片付け始めた。

「まあ、一言で言うと思いやりのかけらもないバカですよ」

「思いやり……ですか」

これ以上話すとさらに柳川の気を悪くさせると感じた伊賀はそこで話を止めた。

その時にアラートが鳴る。

このアラートは、トラブルやエラーが出ると部屋中に鳴り響き、赤いパトライトが回るのだ。

今回は部下の新井が退職を申し出ているらしい。

新井はこのプロジェクトで一番成績がいいエースだ。

柳川が原因を分析する。

「どうやら原因が判明しました。再生しますよ」

伊賀がAI上司と新井とのやり取りを再生した動画を見ている。

「ああ、これか、彼が担当していた出張精算ソフト導入のプロジェクトの中止を伝えているところですね」

その動画には次のようなやり取りが残されていた。

ＡＩ上司が言う。

「君の進めていた出張精算ソフトの導入は、会社の決定で中止となった。代わりに人事部のプロジェクトが進めていた出張管理ソフトの導入が決まった」

「え、ちょっと待ってくださいよ。この2か月、私頑張ったんですよ。リーダーもこれならいけると」

「君から聞いた時点では32％のコストダウンだったのでそう判断したが、人事部がそれを上回る35・5％の効果を提案してきたので、私も了承した」

「そんな……これはすごいソフトなんですよ。もう一度チャンスをください」

新井が失敗の言い訳をしているところにＡＩ上司が言う。

「君の言い訳は論理性が全くない。私が、君にはこの仕事は無理だと判断した。これから別の人に代わってもらう」

「そんな……これは私が始めた計画です」

「一度失敗しまた同じ失敗を犯す率は78％だ。これ以上損害を出すわけにはいかない。それに分析結果から、君にはこの計画を遂行するには能力が足りない」

モニターを見ていた伊賀は、眉間にしわを寄せて言った。

「ここまで言わなくても……」

柳川は冷たい笑いを浮かべて言った。

「いひひ、指導の内容は的確だと思いますよ。彼は二度も失敗をしているわけですからね。それとも、叱らない設定にしますか？」

「いや、叱ることが悪いんじゃないですよ。でも、別のやり方もあるでしょう」

※　　※　　※

【ヒューマンスキルは潤滑油】

皆さんは、過去に上司からの言葉で傷ついたことはありますか？

それはどんな言葉だったでしょうか？

私も前職で上司に言われた言葉で落ち込んだことがあります。

スーパーのマネジャーをしているときに、品切れをさせてお客様に叱られた場面です。

お客様にお詫びして頭を上げたときです。上司である副店長が通りすがりざまに、

「あーあ、また一人客が減った」

と吐き捨てて言ったのです。

彼の言っていることは間違っていません。

私の責任でお客様が一人減ったのは事実です。

しかし伝え方を少し変えるだけで、受け取り方も変わるものです。


リーダーとして大事なのは、部下や状況に応じて伝え方を変えたり、配慮や労い、時には叱り方も変えることが求められています。

これを対人関係力「ヒューマンスキル」と言います。

私の研修で受講生に5段階で評価をつけてもらった結果を分析すると、「自分はリーダーとしてヒューマンスキルを常に発揮できている」とつけた方が7割ほどいます。

しかし、実際のインバスケットの結果を見て振り返ると、できている人は3割に満たないのが現実です。

リーダーは多忙ですので、時間の制約などがあるときには、ヒューマンスキルを省いて指示を出しがちです。

しかし、相手に影響を与えたり、指示通り動いてもらうためには、いかに正論であろうと言葉の潤滑油が必要なのです。

先ほどの私の例で言うと「客が減った」と伝えるより、

「残念なことになったね。次はお客様にご迷惑をかけないようにしよう。君なら改善できるよ」

などとヒューマンスキルを発揮するだけで、伝える側も、受け取る側もスムーズに意思伝達ができるのです。

※　※　※

柳川は、まるで静電気をパチパチ発しているかのように言った。

「自分は、ヒューマンスキルなんて詭弁《きべん》であり、部下を都合よく使う姑息《こそく》な手段と考えます。期待を持たせてうまく使う。違いますか？」

「私は部下に期待を持たせろ、と言っているのじゃありません。伝え方に相手への配慮を入れるべきだと」

「変な理屈ですね。私もあの人にその回りくどい言い方をされて無駄な時間をどれだけ過ごしてきたことか」

伊賀は尋ねる。

「社長からですか」

「あいつは、こう言いました。お前は絶対俺が引き上げる……。でも自分に都合が悪くなるとお払い箱ですよ」

「でも今直轄で仕事をしているじゃないですか」

「自分は、ただの便利屋でしょ」

伊賀は不貞腐れた柳川を横目に言った。

「私は期待だと思うのですけどね。ただ、柳川さんがそのような受け取り方をするなら、どんな配慮も無駄かもしれませんね」

「そこまで言うなら、ＡＩを止めますから、伊賀さんが彼と話をしてください」

「わかりました。ＡＩを止めてください。私が彼と話します」


画面越しに新井が現れた。画面を見ようとせず完全に心をふさぎ込んでいるようだ。

伊賀が画面越しに話しかける。

「聞いたよ。退職を考えているんだって」

新井はまだ目を合わさない。

「私の指導が原因だったら、謝る。しかし、私は君にいい仕事をしてもらいたいから指導をしたんだ」

新井が攻撃的な目を向ける。

「指導……あれがですか。あれは私のソフトを否定しただけじゃないですよ。私自身を否定したことになるんですよ」

伊賀は声を低くして謝る。

「君がそう受け取ったのは仕方がない。しかし、ビジネスは結果だ。相手の方がいいものを出して来たら負けなんだ」

新井は唇をかみしめている。

「今回の失敗は君にとっても、いい経験だと思っている。ただし、同じ失敗はしてほしくない」

新井は目を合わさずにボソッと言う。

「課長、今回のプロジェクトがダメだったら、僕、評価下がりますよね」

「取り返せばいいじゃないか」

「僕は先日のイベント経費削減でも社長から直接叱られているんです。もうこれ以上失敗すると、みんなに申し訳なくて……」

新井の目から涙がこぼれた。

「泣くパワーがあるくらいなら仕事に活かそう。さあ、次のプランを早く持ってきて見せてくれ」

新井は泣きながら「はい」と答えた。

新井が仕事に戻ろうしたときに、伊賀は思い出したかのように聞いた。

「あ、さっきイベント経費削減と言ったよね。そのプロジェクトだが、誰かに話したことがあるか？」

「え？　どうしてですか。ないですよ。極秘だから」

「じゃあ、１００周年のイベントも？」

「極秘ですからね……あ、すいません、そう言えば、同じ大学の先輩に助言をいただきました」

「誰だ」

「え……広報部の甲賀さんです」

「甲賀……まさか今回の出張精算ソフトも」

「はい、そうです。親身にご助言いただきました。でも甲賀さんは絶対に誰にも口外しませんよ」

STORY 10　創造力

伊賀は甲賀を調べた。

前回のグループ会議で１００周年パーティの経費明細の資料を配布した人間もまだ不明だし、今回の企画の件も甲賀が関わっているのじゃないかという不安があったからだ。

「考えすぎじゃないですか」

柳川は伊賀の杞憂《きゆう》と決めつけている。

「彼はこの会社のプロパーではエリートですね。ただ、上層部のほとんどがシグマ自動車からですので、頑張って部長までというところですかね。……ん」

「どうしました？」

「あ……彼はＡＩに仕事を取られていますね」

「どういうことですか？」

「今、ＡＩが行っているプロジェクトのリーダーに内定していましたが、直前に取り消しになっています。それに前職場からも異動し、今は社内報を作る広報部にいます。これは伊賀さんに恨みを持っていて当然だ」

「そうなのか……」

伊賀は一度ならず二度も甲賀のチャンスを摘んでしまったことを知った。

アラートが突然鳴る。

部下の西川が相談したいとＡＩ上司に打診してきた。

「どうかしましたか？」

ＡＩ上司が西川に聞く。西川は答える。

「実は、仕事の件ですが、かなり残業が増えまして……」

「それは把握している、君はチーム平均より34％も残業が多いね。会社全体平均でも12％オーバーだ」

西川は頷きながら返す。

「そうなんです。でもご存じかと思いますが、それは業務が増えているせいです。ただ、結果は出しています。水道光熱費は昨年より26％削減しました」

「それも把握している。正確には昨年対比26・8％削減だ。チーム平均よりも目標率は21・4％アップしている」

「そこで相談なのです。私の担当業務を少し減らしてもらえませんか？」

「それは無理だ。担当業務は明確に決定しているし、この区域は全体でオーソライズしたものだからだ」

西川は「ふう」とため息を漏らしたが、新たな提案をしてきた。

「わかりました。担当区域はそれでいいです。じゃあ、アシスタントをつけてもらえませんか？　せめて事務作業がなくなればもっと結果が出せると思うのです」

「それも無理な相談だ。私の試算では過去にアシスタントをつけた事例は43件あるが、アシスタントのコストに対してパフォーマンスが8％ほど足りなかったとあるのが理由だ」

「……わかりました。じゃあ、応援体制を作ってもらえませんか？　来週の役員会ではこの計画案を絶対通したいのです」

「それも無理な相談だ。君一人のモチベーションは40％向上するがチームのメンバーのモチベーションが23％ほど低下する。応援で費やす時間のパフォーマンスについては過去のデータが存在しない」

西川は怒りをあらわにして怒鳴るように言った。

「わかりました。じゃあ、自分で何とかします」

ＡＩ上司は答える。

「君に期待する」

※　　　※　　　※

【変化を起こすのがリーダー】

私は航空自衛隊の幹部向け機関誌に連載をしています。そして幹部の方とお話しをすることが多いのですが、有事の際のシミュレーションを何度も繰り返し、最適な配置や最適な部隊編成をしているそうです。

これはビジネスも同じで、同じ組織体制や同じ商品ラインナップで戦っていると、状況の変化についていけず、ひいては取り残されてしまいます。

しかし変化にはリスクが生じて、会社組織の中では大きな失敗につながることがあります。それを恐れるリーダーが増えた結果、硬直した組織が生まれるという良くない傾向に向かっています。

例えばあなたが新しい部署のリーダーとして着任したとしましょう。

前任がどのように運営していたか？　を知るのはよいとして、それをすべて踏襲して円滑に部署を回そうとする、この考え方が変化を恐れる考え方です。

チームはリーダーによって変化しなければなりません。

新しいリーダーの目で一番最適な形や仕組みにすることが求められているのです。

ただ、この考え方もやや古くなっています。

リーダーには「変化」よりも「変革」が求められています。

変革は「イノベーション」とも呼ばれます。今までと全く違う考え方でアイデアを出して、チームを劇的に変えていく力が求められているのです。

組織の原点と呼ばれるアメリカ軍にもイノベーションが生まれています。

昔は「陸・海・空」の3部隊だったのが、今は5部隊に分かれています。

もともとの3部隊に加えて、ネット上の戦いに対応する「サイバー部隊」そして宇宙を戦場とする「宇宙部隊」が作られています。

ビジネスも戦場は変わっています。以前は同業他社がライバルだったのが、今は異業種から突然ライバルが出てきます。アメリカ玩具大手チェーンのトイザらスは、同業のライバルに打撃を加えられたのではなく、通販大手のAｍａｚｏｎによる影響が大きかったと言われています。

このような激変するビジネス環境の中で、「前例がない」などと言っているリーダーこそ、改革の中で追放されるのではないでしょうか？

※　　　※　　　※

伊賀は柳川にＡＩに創造力をつけるように指示した。

柳川は首を振りながら言った。

「無理です。理由は、ＡＩは過去のデータから分析することはできますが、新しいアイデアを出す機能は、まだ開発されていないからです」

「柳川さん、実はアイデアって無から何かを作り出すのではなく、組み合わせることで大きな変化を起こすことができるのですよ」

「え？　組み合わせる。その視点すごすぎる。具体的に教えてください」

柳川はメモを取り出し真剣にペンを走らせている。

「例えば、機軸をかえるだとか……」

柳川は腕組みをして考える。

「機軸とは」

「ええ、例えば先ほどの西川さんの例で言えば、以前は業務区域という割り方でメンバー編成がされていますよね。これを機能別だとかに変えることもできます」

「そういうのを機転を利かすって言うのかな。早速プログラム修正してみます。でも変更してかならずしも成功するとは言えないですよね」

「もちろん、シミレーションは必要ですが、一度やってみて合わなかったらまた変化させたらいいのですよ」

柳川はまるで自分に言うようにつぶやいた。

「機転を利かす……昔、あいつによく言われましたね」

STORY 11 巻き込む力

「ブー、ブー」

伊賀のスマートフォンのバイブレーションが振動する。

AI上司に起きるトラブルは、事務所だけではなく伊賀と柳川の携帯電話にも転送されてくる。

スマホを見ると、AI上司に異常が起きたときのアラートが鳴っている。

時刻は朝の4：06。伊賀は階下のオフィスへと急ぐ。

既にジャージ姿の柳川が慌ててパソコンをたたいている。

「どうしたんですか？」

柳川は首を振りながら答える。

「フリーズです。朝の４時に業務の優先順位をつけるために一度、業務の組みなおしをしているのですが、業務過多でフリーズして、そして再起動を繰り返し……」

「つまり、パンクしたということですか」

「そうです。これがＡＩ上司が抱えている業務の一覧です」

その画面には実に４００近くの業務が並んでいる。

多くが上司や他部署からの依頼事項だ。

「どうしてこんなことに……ＡＩ上司は24時間働いているんだから、処理できるはずでしょう」

伊賀は目をこすりながら言う。

「その通りです、あくまで推測ですが業務を処理するとさらに仕事が増えていくループに入ったようです。たとえればねずみ講ですね。そしてついに許容量をオーバーしたようです。これを見てください」

「ええ、これは上司への報告ですよね。半年のコストダウンシミュレーションですね」

「これを上司に報告しに行ったときに、人件費という角度でシミュレーションできないかと振られました。すると仕事が増える」

「そんな」

「ほかのケースも同じです。他部署にコストダウンの提案をする、すると別の相談をされる。そして仕事が増える」

「別の仕事の渦に巻き込まれるか……でもどうして全部受けるんですか？　人件費なら人事部に振るだとか、部下に振るだとかできないものですかね」

「先日、伊賀さんが言ったように全体の流れをつかむ機能を強化したので、どちらかと言うと周りに巻き込まれる形になっています。ともかくこの状態では明日の業務はできません。リセットしましょう」

「ちょっと待ってください、そんなことすると、仕事を放棄することになりますし、また同じ状態になってしまいますよ」

「ではどうしろと？」

「どうしろって……処理速度をさらに上げるか……あ、ダメか。さらに仕事が増える」

※　　　※　　　※

【仕事は巻き込むことで倍速になる】

仕事は蟻地獄のようなものです。

もがいていると、さらに仕事地獄に引きずりこまれるからです。

一日バタバタしたけれど、振り返ると何一つ終わるどころか、余計仕事が増えている、こんな経験はあなたもあるのではないでしょうか。

特に優秀な人ほど、自分の力で何とか仕事をこなそうとするので、仕事を抱え込み、起きないはずのミスが連発するなどの最悪のループにはまってしまいます。

これが仕事が増える第一のループです。

もう一つ仕事が増えるループがあります。

それは期待以上の仕事をすると、相手の期待値はさらに上がり、さらに成果を求められることによります。

つまり、仕事にはゴールはなく、ゴールにつくとまた一段高いハードルが待っています。

このような中で仕事のスピードと質を両方維持し、常に相手の期待レベルを超える方もいます。

その方は決して、スーパーマンでもなく、仕事を減らす魔法を持っているわけでもありません。

周りの巻き込み方が上手なのです。

ここで申し上げたいのは一人では限界があるので、もっと周りを巻き込むことが仕事の成果を倍増させて、仕事の質とスピードをともに保つ方法だということです。

仕事でもがいている人の多くが、他人の仕事に巻き込まれています。

そうならない人は、周りをうまく巻き込んで仕事を進めています。

ではどうすれば周りに巻き込まれずに、逆に周りをうまく巻き込めるのか？

それはまず情報を開示することです。

あなたが今からやろうとすること、保留している仕事、考えを周りに共有することが、人の巻き込むためのはじめの一歩です。

こうすることであなたの状態が周りにわかり、周りの仕事に巻き込まれる率は下がります。

なぜなら、周りはあなたの状態を十分に知らないから協力を求めてくるのです。

次の一歩は「ダメもとで頼んでみる」です。

実はリーダーの多くは「これは自分の仕事だ」とか、「部下に迷惑をかけることができない」と考え、仕事を自己完結してしまいます。

この結果、抱えている仕事の多くは部下でもできる仕事となり、本来しなければならない仕事にパワーと時間が配分できなくなります。

私自身も社長ですので経営計画を作ります。

ついつい、資料のデザインや計算式などまで自分が作ってしまいたくなる衝動に駆られます。

自分で完結したほうが気持ちがいいからです。しかし経営計画に必要な売り上げの予測や人の採用計画などは自分しかできませんが、そのほかの多くの業務は部下にでもできる、いや部下の方が精度の高いアウトプットができる仕事なのです。

そして最後のステップです。

部下や周りへのお願いの仕方です。

「申し訳ないけど……」

このようなお願いの仕方はお勧めしません。もちろん無茶振りもいけません。

部下に興味を持たせるようなお願いの仕方がポイントです。

興味を持たせることで部下に興味や当事者意識を持たせることができるからです。

人を巻き込むのが上手なリーダーはミーティングや会議をうまく使います。

会議は一度に情報を共有できますし、参加者に当事者意識を持たせることもできます。方向性や背景を伝えることで、仕事の意味づけも一気にできるのです。仕事の意味がわかれば部下も興味を持ちます。

大事なのは意識しないと周りの仕事に巻き込まれてしまい、仕事の渦に飲み込まれてしまうことです。この状態に気づいていない方も多いものです。

リーダーが仕事の渦に巻き込まれると、チーム全体も巻き込まれてしまいます。業務を抱え込んでしまわないためにも巻き込み術を覚えましょう。

※　　※　　※

柳川は腕を組んで考え言った。

「周りを巻き込むというのは理解できましたが、まずは何をすればいいんでしょうね。自分は今まで巻き込まれる方だったので理解できません」

「えっと、まずは今の状態を部下や周りに知らせることかもしれませんね」

「それだけですか。簡単すぎる」

「そう、簡単ですよ。例えば朝礼では今までメンバーから情報を聞いて、その中からAI上司ができるものをピックアップする流れを逆にすればいいだけですね」

「ひょえ。自分もこれから伊賀さんと仕事を共有しますから、伊賀さんも共有してください。そうすれば仕事が効率的に進みますね」

すぐに柳川はプログラムを変更し、当日の朝礼にはＡＩ上司は起動し出した。

「今日はみんなにお願いしたいことがある。実は来年の創業祭の企画立案を部長に指示されたのだが、手伝ってくれる人いないか」

メンバーは一瞬ためらったが、後ろからすっと手を挙げた人がいた。

「あの、方向性だけ教えてもらったらぜひやりたいです」

こうして、ＡＩ上司の業務量は徐々に減っていった。

STORY 12　計画組織力

密室で暮らして3か月。

話す相手は柳川と出前の人、宅急便の人だけだ。

そのせいか最近伊賀はＡＩ上司とよく会話をするようになった。

最初は業務内容や部下の様子などのヒアリングだったのだが、最近は身の上相談なども し始めていた。

柳川からは変なことを教えないようにと口止めされているが、AI上司は実に聞き上手だ。ともかく自分のことを話さない。それが伊賀には心地よかった。


「理解しました。3か月ほど誰ともお話ししなければ寂しいという感情が発生するシステムが伊賀さんに備わっているということですね」

「そうそう、唯一柳川さんと話をするのだけど、そのほかは完全謝絶だからね。SNSやメール、電話なども禁止だからなあ」

「なるほど、理解しました。その問題を解決するために、専務にお願いしてレンタルDVDを今以上に送付してもらう手続きを本日中にいたします」

伊賀は苦笑いしながらつぶやく。

「そういうことじゃないんだけどな」

その時にAI上司が突然モードを切り替えた。何やらトラブルが発生したようだ。

伊賀もモードが変わったかのようにAI上司に質問する。

「どうした？」

「2分前に本山宛に送られてきたメールがクレーム率76％で検知されました」

「どんなメールなの？」

「はい、要約します。本山が進めていた接待費の削減の件で、営業部長から、承認基準の件で苦情が入っています。苦情の内容は、本山が出張に出ている際に、代わりに対応した鈴木の指示に従って接待費を経理に回したところ、本山が経理にそれは認められないと言った、どうして同じ部署の人間で判断が異なるのか、という内容です」

「君はどう処理するつもりなの」

「これは鈴木の判断ミスですので、彼に指導をします。そのうえで営業部長には結果報告と費用の適正処理を再依頼します。もちろん、営業部長には配慮とお詫びは致します」

「まあ、教科書通りの対応だね……」

伊賀は腕を組んだ。買出しに出ていた柳川も急いで戻ったようで後ろに立っていた。

「最近、同様の連携ミスが目立ちますね。チームの生産性も低下していますしね。こいつのどこかにバグがあるのかも」

AI上司は返す。

「私にバグはありません。メンバーの稼働率も85％で正常です」

伊賀が柳川を押さえるかのように言った。

「えっと、確かにみんな頑張っているけどねえ。最近ポテンヒットのようなミスも多発しているし、かと思えば同じことをみんながやっているし」

「部下にはそれぞれ大事な業務は指示しています。部下の実行率も96％で合格基準を達成しています」

柳川はＡＩ上司を見下すような視線を送る。

「だったらなぜこんなミスが発生するんだよ」

※　※　※

【仕組みを作るのがリーダー】

チームを運営して成果を出し続けるには、力だけでは無理な時があります。

例えばあなたがレストランの店長で、素晴らしい接客とおいしい料理で繁盛させたとしましょう。一店舗であれば力で乗り切ることができるかもしれません。

しかし業務拡張で近隣に二号店を出したとします。今度は本店のようにうまく行きません。それはあなた自身の力で運営できる範囲を超えてしまい、誰かに任せなくてはいけなくなったからです。

料理の調理方法や接客などのオペレーションなどを含め、仕組みを構築しないとこれ以上の業務拡張は望めないのです。

腕の良い料理人が腕の良いリーダーになり得ない実例です。

つまり、自分一人では成績を上げることができるが、自分の代わりとなり同じ行動をしてくれる人とその仕組みを作れないとリーダーではないのです。

ある部署で優秀な営業社員が退職してしまい、営業所自体の営業成績が落ちてしまった。このような話も良く聞きます。しかし、これもリーダーとして仕事ができていない結果になります。仕組みを作れるリーダーのいるチームは、メンバーの資質で大きく成績がぶれるようなことはありません。

メンバーがだれであっても、ぶれないアウトプットを作り続けることのできる体制を構築することがリーダーの仕事です。

仕組みが成績を作ると言ってもいいでしょう。

仕組みを作るにはまず基準を作ることです。

特に物事の判断の基準を作ることです。

当社でも、例えば台風が近づいているときに研修を実施するか否かは、明確な基準がありますし、お客様から急なオーダーが来た時の基準もあります。

ですから、私がいちいち判断することはありません。その結果報告を聞くだけです。

仕組みを作るにはパワーと時間が必要です。すぐに完璧な仕組みはできませんから結果を見て改良を加えていくことも必要です。しかし、いったん仕組みを作ると、リーダー自身の判断業務や問題解決に充てる時間が激減します。

仕組みは誰もが使えるフレームを持っていなければなりません。

リーダー自身ができるのではなく、極端な言い方をすると一番出来の悪い部下でもその通りにすることができるものでなければなりません。

そして、定期的にメンテナンスをして初めて素晴らしい仕組みになります。

仕組み作りがリーダーの仕事であることは間違いないのです。

組織を計画的に運用することは計画組織力と言います。

※　　　※　　　※

伊賀はつぶやく。

「よい部品がそろっても、きちっと動くかどうかは組み立て方次第ということですか」

柳川は答える。

「仕事が属人的になり、個人技に頼り切ってしまっているのが現状ですからね。どうしますか？」

「誰がやっても同じ結果が出るようにするための仕組みを考えましょう。例えば、マニュアルや基準書を作るだとか」

柳川は晴れない顔をした。

「マニュアル、基準書……そう言えば、あいつも同じこと言っていましたね」

「社長ですか？」

「われらのボスは、人を機械のように思う人ですから」

伊賀は頭を掻きながら答える。

「柳川さん。あくまで基準です。これがぶれ始めるとさらにぶれ始めますからね」

「そうですか。では早速基準や計画を作らせましょう」

STORY 13 やらないことを決める

伊賀と柳川の前には社長と専務がいる。

毎月2週と4週の火曜日は定期的な報告会だ。

専務が報告書を見ながら伊賀に質問する。

「ふむ、当初に比べるとかなり上司らしい動きをしているな。部下は上司がAIだとはかんぐっていないか？」

柳川は答える。

「はい、その点は大丈夫だと思います。先日実施した上司に関するアンケートでも、そのようなコメントがありませんでしたし、以前の上司より対話する機会が32％も増えたとあります」

専務は説明に頷いたが、すぐに社長が柳川を見て質問する。

「だれが部下が喜ぶお話しロボットを作れと指示をした？　バカ野郎」

「ひょえ」

柳川は高い声を出して一歩下がった。

「伊賀君、君はまさかこの程度で満足していないだろうね。私が危惧しているのは、チームの残業が目立って増えていることだ」

そう言って、社長はあるデータを指でコツコツと叩いた。

その時にＡＩ上司が発言した。

「質問にお答えします。それは前年度より５つ企画が増えたのと、新しい基準作成と仕組み導入を実施することで、社員の作業工程は一人一週当たり56工程増えたのが全体の残業時間の76・５％の増加原因になっています」

柳川は安堵したような表情だったが、社長は柳川に怒鳴った。

「バカヤロウ。やはりこいつは不完全だ。すぐに修理しろ」

※　　※　　※

【やりたいことより、やめることを重視する】

リーダーはやめることを決める仕事です。

リーダーになると自分の好きなことができる、と私は若いころ考えていました。

経営者になった今、もちろん間違いではないのですが、それより重視しなければならないことがあったことに気が付きました。

それは「やめることを決断する大事さ」です。


例えば、部下からの提案を許可したり、新しいサービスの開発などにGOの許可をすることは簡単です。しかしそのような「やりたい判断」ばかりしていると、やることばかり増えてきて生産性や効率が下がってきます。

それに「やめる判断」をしないので、旧態依然のやり方の上に新しいことが積み上げられていきますので、結局は変化しない傾向が強くなります。


ですからリーダーにとって重点を置く判断は「やめる判断」です。

実はこのやめる判断は、何かをやる判断の十倍以上難しい判断です。

イメージすると簡単です。スーツを新しく購入する決断よりも、古いスーツを捨てる判断の方が難しいでしょう。

つまり、やめる、捨てる、切り離すという判断は難しいのです。ことに個人ではなく、チームの判断となると通常メンバーではできない判断なのです。

だからこそ、やめるという判断はリーダーが下さなくてはなりません。

私自身も「やりたい判断」が大好きですので、心に刻んでいる言葉があります。

それは「一品採用、一品カット」という言葉です。

前職のスーパーの業界で使われていた言葉です。

これは新しく品ぞろえをしようと考えたときには、必ずどれか一品の品ぞろえをやめる判断をするという教えです。

これを守らないと、商品の品ぞろえが増え続け、管理ができなくなるばかりか、お客様も選びにくくなり、総合の売り上げが落ちてしまいます。

リーダーの仕事も、何かをやる決断をするのであれば、それと同じ数、もしくはそれ以上のやめることを決めないと部署の効率が悪くなり複雑化します。

やめる判断ができる方は、やめることで発生するリスクと、続けるリスクを冷静に比較することができます。

逆に言えばやめられない、だとか、捨てられないという方は、やめることで発生するリスクばかりに目が行き、逆に続けることや持ち続けることでできるリスクは軽視する傾向があるのです。

経営幹部などをよくエグゼグティブと呼びますが、これの語源は「執行する人」という意味です。

これは決めにくいことを決める、つまりやめることを決める人という役割のことです。やめることができる、はリーダーの必須条件なのです。

※　※　※

会議の後、二人は原因を探り出した。

するとAI上司の学習プログラムに欠陥があることがわかった。

部下からの提案の可否を決める仕組みはある一方で、従来からやっていることを検証してやめる判断をする仕組みがなかったのだ。

伊賀は言った。

「なるほど、これではやることばかり増えていくことになるわけだ」

「早速、修正開始ですね」

「どのように修正するのですか」

「まず、過去判断し了承したことや現状のタスクを一定期間で、効果検証する機能を設けます。そのうえで何か一つ了承したら、何かをやめるように仕様変更します」

この2週間後にはプログラム修正の効果が出て、今まで形骸的に続けられてきたことなどを「やめる判断」をAIは続々と行っていった。

伊賀はAI上司に話しかける。

「どうだい、やめる判断は難しいかい」

「いえ、難しくありません。不要なものは削除する、その判断はとっさに行えます」

「そうかあ、君は簡単にできるだろうけど、人間には難しいんだよね」

「そこは理解できません」

伊賀は苦笑いした。

「なんというか、しがらみというか、未練というか」

「それは私にありません。搭載したほうがいいですか？」

「いや、それはない方がいいかな、あると決断ができなくなるからね」

「わかりました」

「ところで、今日君の第二段階の開発許可が社長から下りたよ」

「感謝します。ところで二段階目の開発とはどのようなものでしょうか？」

「うん、今まではリーダーとしての基本部分で、これからは『これからの時代に必要になる力』というものかな」

「これからの時代とは未来のことでしょうか？」

「うん、社長曰く、今までの力だけでは、これからの複雑かつ急激な変化の時代には生き残ることができないらしい」

「社長は先を見通していらっしゃる素晴らしい有能なリーダーです」

「そうなのかな。柳川さんはよく思っていないけど……」

「何か足りないと？」

「優秀な人だとは思うけど、何かが足りないんだよね」

第2章

これからのリーダーに必要な力

理想のリーダー像を踏まえながら、着々と進む、ＡＩ上司の開発。これからの時代に相応しいリーダーの姿を追求する二人だが、それぞれの持つイメージは大きく違う。

より人間らしさを身につけ始めたＡＩだが、複雑な社内事情もからみ合い、人間が作り出すモノの限界にもぶち当たる。

STORY 14　変化対応力

ＡＩ上司プロジェクトは、この日、取締役会で発表され、会議室は驚きの声で埋め尽くされた。

製品化のための承認も取り付け生産ラインの調整も開始された。

「やっと、まともに表を歩けるようになるのかな」

伊賀が漏らすと、柳川は返す。

「時期尚早です。自分が考えるには少なくても二か月後くらいじゃないですか？　バグも取る必要があります」

「そうか、社長の第二段階の指示もありますしね」

柳川は言う。

「自分たちの膨大な時間をつぎ込んでここまで作っても認められない。あの人は１００％しか認めない。伊賀さんは腹立たしくないですか」

「私は別に……柳川さんが部下だった頃もそうだったんですか」

「ひどいものです。人が１００％を求めるとどうなると思います」

「さあ」

「１００％以外は０とみなすのです。つまり私は０点だということです」

「極端だと思いますね」

「そして人は完全を求めると、だれも信用しなくなり自分がすべてをやることになるんですよ」

柳川の話を完全に信じていいものか？　伊賀は深いため息とともに考えていた。

そこにＡＩ上司が伊賀に報告をした。

「お話の途中にすいません。少しお耳に入れておきたいことがあります」

「どうかしました」

「社内報の取材依頼が来ました」

「特に緊急で報告を受ける内容ではないだろう」

柳川が投げ捨てるように言う。

「はい、緊急ではありませんが、依頼先の広報部の方が伊賀さんと同期の甲賀さんですのでご報告を入れました」

「なに、甲賀……」

伊賀と柳川はAI上司が画面に出したメール文章に釘付けになった。

伊賀は言う。

「あいつ……とうとう動き出したか」

「取材企画名『私の上司はコンピューターの中』か……どぎついタイトルですね。取締役会から漏れたのでしょうか？」

「にしても、今漏れるとまずいですね。何とかならないですかね」

AI上司は提案する。

「私を別の部署に異動させてください」

柳川がAI上司に突っ込む。

「異動だと？　そんなことできるわけないだろう」

「根拠は何でしょうか？　異動すれば取材を受けなくて済みます」

伊賀はＡＩ上司に質問する。

「普通、人間はね。自分が作ってきた環境から新しい環境へ動くことは嫌うもんだよ」

「なぜでしょうか？」

「なぜって、異動って言っても、どの部署になるかわからないんだよ。どんな部下がいるかもわからないよ。それでいいの」

「逆に教えてください。人間のリーダーは、他の部署や会社に行くとリーダーとして機能しない場合もあるのですか？」

※　　※　　※

【どんな状況でも成果を出すのがリーダー】

「このメンバーでは無理です」

私があるマネジャーに言われた言葉です。

彼は私が受け持った地域に転勤で配属された部下です。

このマネジャーは、以前の部署で初めてマネジャーに登用されすばらしい結果を出し、今回期待を背負ってさらに大きな部署のマネジャーに着任しました。

しかし、部下はバラバラ、方向も定まらず、業績は一気に下降したのです。

彼は以前のような優秀なメンバーと仕組みがないと、ここでは業績を出せない旨を私に訴えましたが、私の考えは違います。

リーダーとはどのような環境でも与えられた資源を活用し、チームを導き成果を出し続ける人を指します。

環境が変わってマネジメントがうまく行かないということは、そのマネジメントが未熟なのです。

私たちも彼のように、以前うまく行った方法を黄金律のように使い続けると失敗します。

それは外部環境や人の価値観に合わせて、マネジメントも変化させなければならないからです。

実際に5名のチームと50名のチームのマネジメントの仕方は全く違います。

5名だと一人一人と信頼関係を結べるので、細かいマネジメントが可能でしょう。しかし50名になると一人のリーダーがそれぞれのメンバーを見る限界があります。

いくつかのチームに分割してそれぞれリーダーを作る一方で、そのリーダーに細かい指示は任せて、大きな方向を決めることに重点を置くなどの変化が必要なのです。

これから、ビジネス環境はさらに加速度をつけて変化します。

おそらく一つの会社から給与を得て働く働き方も崩壊し、いくつかの仕事から収入を得て働く人が増えたり、みんなでまとまって働くオフィスという概念もなくなるでしょう。

働き方が増えると、それをマネジメントする方は今までのやり方を変えなければなりません。

状況に変化対応する力が必要なわけです。

状況に変化対応するには、環境の変化を読み取る力とそれに対応する対策を考える力が必要です。

環境の変化に対応するには、とくに外部環境に敏感になってください。

社内の環境しか知らない状態では取り残されてしまいます。雑誌やいくつかの新聞から常に情報を取り、社外の人脈を形成しその人たちから情報を得るルートを開拓しなければなりません。

もう一つは対策立案力です。

これは変化球を増やすということです。叱り方も一辺倒ではなく、怒鳴る、諭す、質問する、時には落ち込むなど様々な方法を知り、状況に応じて使い分けることが大事なのです。

これからのリーダーは予想がつかないマネジメント環境で成果を求められるのは間違いありません。今から二つの力を養い備えるべきでしょう。

※　※　※

柳川はAI上司に冷たい笑いを浮かべながら言った。

「そんなの必要ない」

伊賀は柳川に質問する。

「柳川さん、AI上司の言っていることの方が理にかなっていますよ」

「大丈夫です。こいつを異動させなくても、こいつのコピーを作って試させたらいいんですよ」

伊賀は声のトーンを落として言った。

「柳川さん……気になっていたのですが、AIのことを〝あいつ〟って言うのはやめていただけないですか」

STORY 15　ロングテール力

伊賀はＡＩ上司に質問した。

「柳川さんはどうして君にあんな扱いをするのかな」

「お気遣い無いように、私は全く問題ありません。ただ、柳川さんが私に悪意を持っているのは74％確実です」

「悪意ってどうして」

「それは分析不能です。しかしながら、何らかの脅威を抱いている表現が先週に比べて23％増えています」

「確かに私にもそう見えるな。……そういえば、以前君を制御する必要がある……って言っていたね。まさか、君の学習が進んで私たち人間を駆除し始めるとか」

「いえ、その制御システムは正常に稼働していますので、人間に危害を与えることはありません。しかし、先日搭載されたシステムと競合しあってエラーが発生しています」

「何のシステム」

「やめることを決断するシステムです。私の分析結果では、この会社の34％の管理職は必要ないと分析されています。しかし、それは人間を駆除できないことでエラーとなっています」

伊賀は納得しつつも、踏み込んではいけない領域にいる気がして背筋が冷たく感じた。

「えっと、将来人間と君たちＡＩで仕事の取り合いが行われるということかい。そんな馬鹿な」

「ええ、私の学習向上と機能向上でこの比率は上昇するでしょう」

伊賀は真剣な顔でつぶやいた。

「そんな……一社に一台入れておいて補助的な役割のイメージだったのに……とんでもないこと俺はやっているのかもしれない」

「それは違います。私の設計コンセプトは人間のリーダーとの入れ替えです。ですから、計画は順調に進んでいます」

「ちょっと、待って……じゃあ、会社の管理職全員が機械になるかもしれないということだよね」

「それは私が決定する範囲ではありません。ただごく少数ですが人間リーダーは必要になるでしょう」

「えっと、例えばどんなリーダーが生き残るの？」

「私たちＡＩでできないことができるリーダーです」

「ＡＩにできないこと？　それはどんなこと」

「複数ありますが、代表的なものを挙げると本来注目されないものに価値を見出すという行動です」

「え？　本来注目されないもの……」

「はい、理解が進まれていないのでたとえを出します。例えば株式売買を人間のトレーダーではなくＡＩが行ったとしましょう。そうすると、売買が成立しなくなります」

「どうして？」

「はい、みんな同じ経路で判断をします。つまり上昇すると思われる高確率の株式を買い、下がるだろうと思われる株式は売るでしょう」

「なるほど、大多数が注目する株式は同じになるということか」

「はい、でも人間のトレーダーは上がるかもしれない注目されない株式を見つけます。それは私たちＡＩではできないことなのです」

※

※

※

【これからは少数の価値を重視する】

パレートの法則をご存じでしょうか?

一部の要素が大部分に影響を及ぼす、という法則です。

例えば、スーパーでは上位の20%の売れ筋の商品が全体の8割の売り上げを占めているなどと言われています。

ですから商品開発なども市場規模の大きい分野に集中させるなどの戦略を企業が取ってきました。

しかし、多くの企業が同じように市場に参入した結果、食い合いが起こり消耗戦となってしまっています。

これからは逆に上位の20%以外の80%に対して重要視する時代になってきます。

この大部分に影響を与える20%以外の80%のことをロングテールの法則と言います。

ロングテールをビジネスで成功させたのが通販大手のAmazonです。

売れ筋商品よりも、それ以外の品ぞろえを強化することでリアル店舗より競争力を持っています。

■ロングテールの法則

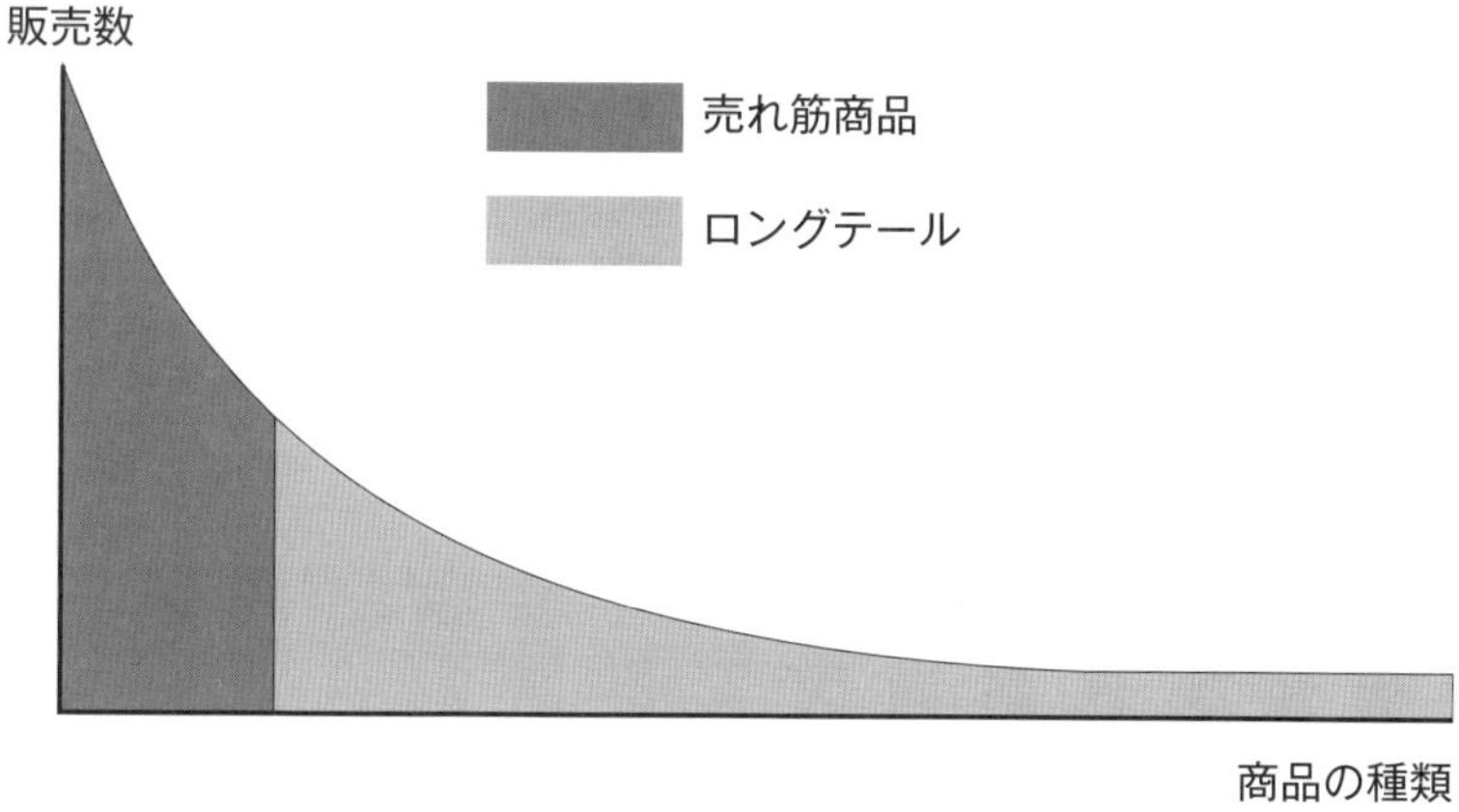

　また外食でも、従来のラーメン屋や牛丼などの分野以外に、タンタンメンの専門店などのニッチな市場を開拓する企業が業績を伸ばしています。

　ビジネスでも会議で結果を出すときに大多数の意見を優先するよりも、少数の意見に価値を見出し、それを取り入れていくことが必要になるのです。

　つまり、大多数の意見を尊重する傾向から、少数意見や少数の価値に力を入れることがこれからリーダーには必要になります。

　例えば、大多数の意見よりも少数意見を尊重したり、個々の仕事のスタイルに応じた勤務体制の構築など、リーダーは今まで重要ではないとされた80％にこれからは目を向ける時代が訪れたのです。

※　※　※

「つまり、確率の高い安全策を選ぶリーダーは君たちに取って代わられるということか」

「はい」

「じゃあ、例えば君たちAI同士が会議をした場合、少数意見はどう扱うの？」

「大多数の判断を最終結論とします。少数意見は正解の確立が低いからです」

伊賀は眉間にしわを寄せながら、つぶやいた。

「そっか、じゃあうちの会社はすでにAIの会議になっていたのか」

STORY 16　戦わない力

伊賀のもとに本社から一つの小包が届いた。

宛先は書かれていない。開けてみるとそこには社内報が入っていた。

伊賀は慌てて柳川に確認をした。

「柳川さん、このオフィスの件誰かに知らせましたか？」

柳川は鳩が豆を食らったかのような表情で首を振りながら答える。

「いえ、自分じゃないです。知らせるわけないじゃないですか」

「じゃあ、なぜ社内報が送られてくるのでしょう？」

「専務ですかね。確認しましょうか？」

「あ……これは」

伊賀は社内報に挟まれたメモを見て言った。

「あいつか……」

「ええっ？……伊賀さんの同期の……」

「ええ、甲賀ですよ。直ちにこのプロジェクトを中止しないとお前たちがやっていることを公表する、と」

伊賀はうなる。


AI上司が言う。

「極秘プロジェクトが外部に漏れていることをすぐに社長に報告するべきです」

伊賀は即答する。

「いや、これは脅しだね」

　柳川が言う。

「変な理屈ですね。自分は、放置するべきじゃないと考えます。けじめをつけるべきじゃないですか？」

　ＡＩ上司が言う。

「私も早めに障害を排除するべきだと判断します。以前の妨害行動からするとエスカレートしていきます。予測されるに、近々直接攻撃を相手が仕掛けてくる確率が89％です」

　さらにＡＩ上司が読み上げるように報告した。

「参考情報ですが、甲賀さんは広報部に所属していますが、広報としての行動はほとんど実績がありません。広報関連の会議にも出席していません」

　柳川が突っ込む。

「おまえ……勝手に社内システムに入って調べたな」

　伊賀は柳川から目をそらして言った。

「あいつも俺たちと同じように表に出せない仕事をしているということか」

「96・4％の確率でそうと言えるでしょう。甲賀の所在場所は交通費の清算状況から、大井町の当社倉庫と思われます」

「わかった、甲賀にメールを出してくれるかい。この前依頼のあった社内報の取材受けると。場所は大井町の倉庫でと」

「はい、かしこまりました」

AI上司は答える。柳川が腑に落ちない顔で伊賀に聞く。

「なぜ取材を受けるのですか。これでばれたらバカじゃないですか」

「おそらく、彼も私たちに隠さなきゃならない何かをしています。奴のしっぽをこちらも握っていると知れば、彼も動けません」

AI上司が伊賀に質問する。

「伊賀さんは甲賀となぜ直接対決しないのですか。負けるからですか？」

「じゃあ君は、戦うだけが物事を解決すると思っているの？」

※　　※　　※

【戦わずして勝ち続ける秘訣】

ビジネスの世界ではライバルがいて常に競争しています。

ライバルは社外だけではなく、社内にもいることがあります。

部下や上司が時にはあなたの向かう方向に立ちふさがるときもあるでしょう。

このような見方によれば周りは敵だらけの中で私たちは仕事をしています。

昔はこのようなライバルに全力で向かって勝つことが求められていました。

しかし、今はあらゆる敵に勝つ力を持つリーダーではなく、戦わずして勝ち続けるリーダーが求められています。

なぜなら、戦うことは消耗することだからです。

誤解のないように説明すると、私は競争を避けろと言っているわけではありません。

競争は成長の原点ですから競争するべきです。

ライバルがいるからこそ、自身の強化するべき場所を設定したり目標を置いて成長するのです。

良いベンチマークがあるからそこを目指していけるのです。

ただし、競争は戦いではありません。相手をやっつけることが目的ではなく、あくまでベンチマークすることで、自身の成長を促すものでなければなりません。

なぜなら、ライバルと戦うことに力を入れることは、本当の目的を見失いかねないばかりか、間違った方向に向かってしまうからです。

先日カヌーのオリンピック代表の選手が、ライバル選手の飲み物に違反薬物を混入させて、相手を陥れようとしたり、ライバルの道具を盗むなどしてトレーニングを妨害していた事件がありました。

本来なら自身の力をつけなければならないのですが、戦いはこのような無駄な思考や無駄な力を浪費してしまう結果になりかねないのです。

ですから本当の競争は「戦わないように勝つ」ことを目標にしなければなりません。

この思考を戦略思考と言います。

どうすればライバルより常に有利な位置にいることができるか？　と考える思考です。

間違っても自分の力を大幅に上回るライバルに対して戦いを望むのは、チームを預かるリーダーとしては避けなければなりません。

そのためには3つ方法があります。

1つは、相手が戦いを仕掛けられない状況にすること。

これは膨大な抑止力を持っている、虎の威を借りるなどが当てはまります。

2つ目は相手が入れない領域を作ることです。

これをコアコンピタンスと言い、全体では力がないが、ある領域のオンリーワンであるなどといったことです。

3つ目は仲間に組み込むことです。

戦うよりも、お互いの強いところを組み合わせ、WIN WINの関係に持ち込むことです。

戦いは消耗戦です。それよりも戦いをしないで勝つ道を作り出すのが賢者と言えるでしょう。

※　※　※

AI上司が伊賀に言った。

「私たちは誰が敵かを判別し、障害と思われれば全力で取り除きます」

伊賀は遠くを見ながら言った。

「これからの時代はどこから敵が現れるかわからないから、いちいち目の前に現れた敵と戦うのではなくて、いかに戦わないように目的を達成するかが大事じゃないかな」

「戦わないようにするにはどうするか？　申し訳ありません。私には理解できません」

「うん、覚えてもらったら僕たちの仕事がなくなるからね。覚えなくていいよ」

STORY 17 自己管理能力

今日は定例の取締役会だ。

この会議でAI上司のプロジェクトが提案した「コスト削減策」が提出される。

承認されれば、シグマ自動車が求める方向性と摺合せが取れ、一気に計画が動き出す。言い換えれば、もし失敗すると、プロジェクトは一気に後退し、期間中の目標達成は難しくなる。

予想外の敵が突如現われ、天下分け目の関ヶ原のような日だった。

経営企画部や人事部からも対案が出されており、事前の根回しの甲斐もなく、どちらの案が採用されるかは五分五分だった。

伊賀も緊張した面持ちでオフィスにいつもより一時間早く入った。

しかしまだ柳川は来ていない。そして定刻になっても現れなかった。慌てて携帯電話に連絡を入れると、かすかな声で柳川が出た。

「どうしたんですか？」

「風邪です……風邪でダウンしました。動けません」

「まじですか？　大丈夫ですか」

「頭がガンガンし吐き気が……」

「わかりました。じゃあ、今日はお休みですね。今までの無理がたたったのでしょう」

「迷惑をかけます」

まじか……と伊賀が言葉を落とすとブザー音とアラートが鳴り出した。

伊賀は慌ててＡＩ上司に話しかける。

「なんだ、どうしたの」

「申し訳ありません。ビビ、ビビ、エラーが発生しました」

いつもと違うＡＩ上司の反応に伊賀は真っ青になった。

「どこがどうしたの？」

「大量の処理データが昨晩から送られて、現在セーフモードで起動していますが１分間で１・５％ずつ処理速度が落ちています。ですから……通常業務は……不可能……」

「わかった、もういい。何も考えるな」

「お心遣い……感謝……ピーピーピー」

その瞬間、画面にはエラーメッセージが多数出始めた。

伊賀は嫌な汗を感じながら柳川に電話をする。

しかし、出ない。

「まずい、いったい、どうしたら」

※　　　※　　　※

【これからは自己管理の世界】

働き方が多様化し、これからはオフィスにみんなが揃って働くという光景も珍しくなってきます。それぞれ、端末を通じて結ばれて、ある方は自宅から、ある方はサテライトオフィスからという風に、一人一人の働き方は大きく激減するからです。

実際に企業の多くもテレワークの導入などを検討していたり、地方にサテライトオフィスを導入する動きが活発です。

一見、自宅で仕事をしたり、上司から目の届かないところで働くことは楽しいように思えるかもしれませんが、私は全く逆だと思います。

なぜなら、自分自身をコントロールできない人はこれから仕事ができなくなるからです。

私は前職でスーパーバイザーという仕事をしていた時期があります。いくつかのお店を巡回し、店舗指導をするのですが、誰も管理をしていないので、はっきり言って、お店を回ったふりをしてパチンコをしていてもわかりません。

自己コントロールできないと仕事が進まない環境なのです。

自己コントロールは怠慢のコントロールだけではなく、仕事のし過ぎもコントロールしなければなりません。多くの仕事を抱えて苦しんでいる方はある意味、自己コントロールができない状態なのです。

そのほか、精神状態のコントロールも、時間管理も、そして人生設計も自分自身でコントロールして計画的に進めなければ、いずれは体調に不調をきたしてしまうのです。

人はコンピュータと違いリセットすれば元通りになる物ではありません。何かをすり減らしながら生きています。ですから、リーダーには自己コントロール力が必要なのです。

※　※　※

伊賀の頭の中には二つの選択肢があった。

一つは会議の発表を延期すること、もう一つは自分自身がAI上司になり切りプレゼンをするのだ。しかしどちらも失敗を意味している。伊賀は覚悟を決めた。

その時、柳川から電話があった。

自宅からＡＩ上司の不具合を修正し正常化することに成功したとの連絡だった。開始１分前のことだった。

STORY 18 自燃力

ＡＩ上司のプレゼンは完璧だった。経営企画部からの発表の矛盾点を数か所指摘し、社長から経営企画担当役員は全員の前で叱責を受けた。

「いやあ、危機一髪でしたよ」

伊賀が結果を見届け胸をなでおろすかのように言った。

病み上がりの柳川はマスクをしながら言った。

「今回の件は私のミスです。外部からのスパムメールが大量に送られて、ＡＩ上司はそれを仕事だと思い込んでしまったようです。その結果処理容量が限界を超えたようです。対策はしていましたが、今回は綿密に社内用語がいくつか入ったメールだったので」

「えっと？　じゃあ、社内の事情を知る人間ですか？」

柳川は頷き返す。

「おそらく、いくつかのサーバーを経由しているので特定は難しいでしょうが、見当は付きますよね」

「甲賀からの攻撃か、もう許せない」

「もう報復攻撃は済んでいます」

「え？　どういうことですか」

「来たメールをブロックするだけではなく、すべて送り返すように設定しました。もちろん、小細工して。おそらくあちらも大騒ぎな状態になっているでしょう」

「大騒ぎと言えば、人事部長のプレゼンが急遽中止になり、奴ら慌ててたけど……」

AI上司が報告する。

「その件について私から報告がございます。甲賀さんの経費処理が広報部ではなく人事部の経費として処理されています。またその中の領収書からは人事部長と一緒に食事をしているのが6回確認されています」

「人事部長って」

伊賀は腕組みをしながら考える。

ＡＩ上司が続ける。

「人事部長は2か月前に脳梗塞で入院中です。病室からテレビ会議システムを使って部下に指示をしているとのことです。なお、当日も病院から役員会議にプレゼンをする予定だったようです」

柳川は冷めた表情で言った。

「猿真似ですね。自分たちの」

伊賀は返す。

「まあ、何とかなったのでよしとしましょう、ところで柳川さん、あの件どうなりました？」

「ほぼ完成です。ええ、まあ、簡単なものですが、悲しい時には悲しい気分になり、楽しい時は楽しい気分になるようにしました」

「すごい、ＡＩが感情を持った」

「正確にはそう見えるだけです。とっさに感情モードを選び、それに合わした表情、口調、動作を再現するだけです」

「具体的には？」

「例えば部下からの嬉しい報告に対し、今までは〝了解した〟だったのが〝おお、やったな〃に変わります」

「いいですね。早速導入してください」


この試みは成功だった。

部下からの親近感が急上昇し、部下が冗談を言ってくるようになった。

しかし、そんなるある日に事件が起きた。

部下の三友が人事部にこの前のプレゼンテーションの内容を漏らしていることが発覚したのだ。

ＡＩは三友を突き詰める。

「どうしてこんなことをしたんだ」

「どうしてってわかりませんか？　あなたの下では働きたくないからですよ」

ＡＩ上司は悲しい顔をした。

「なぜだ」

「生理的に無理なんです。あなたみたいに機械のような人間の下で働くなんて。それにそもそも、私はこんな部署で働きたくなかった。人事部に戻りたかっただけなんです」

ＡＩ上司は、三友に即刻自宅謹慎を命じた。しかしその翌日からＡＩ上司のパフォーマンスが4割落ちてしまった。

伊賀が尋ねる。

「おい、どうした」

「私は上司として失格です。これから業務を遂行できるかリスクを感じています。右腕となる部下が裏切るとは分析できていませんでした」

※　※　※

【リーダーに必要なモチベーション】

パフォーマンスの高いリーダーはモチベーションの維持が上手です。

よく勘違いされるのですが、パフォーマンスの高いリーダーはモチベーションが下がらない、と思われがちですが、実はそうではありません。

ただ違うのは、一度下がったモチベーションを回復させるのがとてつもなく早いのです。

人がモチベーションを維持する際によくあるのが、誰かに元気づけてもらうという方法です。例えば上司から褒められたらモチベーションが上がったり、本を読んでモチベーションを上げたりするという方法です。

しかし、これからのリーダーに必要なのは、自分自身で自分のモチベーションを上げ続ける力。すなわち〝自燃力〟です。

例えば上司から褒められたいと思って仕事をしていると、評価されていないとわかるとモチベーションが下がります。これは他人にモチベーションのコントロールを委ねている証拠なのです。

周りからの刺激がなくても、自分自身で燃え続けることのできる力を持っているリーダーは、モチベーションが一時的に落ちたとしても、すぐに立ち直ることができるのです。

そのためにも他人にモチベーションの向上を依存するのではなく、自分自身の力で回復させることが重要です。

では自燃力はどのようにつけていくのか？

それは〝ミッションやビジョンを明確に持っていること〟が大前提になります。

板前の見習いが過酷な環境の中頑張れるのは、将来は一人前の板前になる、だとか、自分の店を持つなどの夢があるからでしょう。

先輩から厳しい叱咤を受けてもそれを前向きに捉えることができるのは、自燃力です。

〝褒められて伸びるタイプです〟というのはメンバーまでの捉え方です。

自分のモチベーションの上げ方を知り、他人に依存しないで自分自身で回復させる〝自燃力〟をぜひつけてください。

※　※　※

柳川はプログラムに改良を加えた。

それは一旦気持ちが落ち込むが、すぐに感情を回復させるプログラムを起動するというものだった。

「ひひひ、名付けて打たれ強さ向上プログラム」

柳川は笑って見せた。伊賀は質問した。

「あの……柳川さんはモチベーション落ちたときに何で回復させるのですか」

柳川は口元を緩めて言った。

「自分は怒りをパワーにしています。あいつだけは地獄に落とす、と考えればいくらでも頑張れますよ」

「え、柳川さん、まさか」

「ゲームの話ですよ。伊賀さんじゃないですから心配しないでください」

そう言ってスマホのゲームを始めた。

STORY 19 仕事を楽しむ力

ＡＩ上司の開発は最終段階に入っていた。

第一段階で上司の基礎を学ばせ、第二段階では、これからの時代に対応する機能をつけさせた。

さらにＡＩに性格を持たせ、限りなく人間に近づけていく、そうすることで人格が形成され、より目指す上司像に近づく、そう伊賀たちは結論づけていた。

しかし、その開発の段階で意外な現象が出てきているのに伊賀は気づいていた。

それは、朝の挨拶の返し方が微妙に変化していったのだ。伊賀はＡＩ上司に声を掛ける。

「おはよう、調子はどうだい」

「おはようございます。調子は問題ありません」

これがいつものＡＩ上司から返ってくる挨拶だった。

しかし、ここ数日変化してきた。

「おはよう、調子はどうだい」

「ええ、何とか仕事はできそうです」

そして今日はこのような返答だった。

「おはよう。調子はどうだい」

「気分は憂鬱《ゆううつ》です」


柳川にこのことを突き詰めた。

「柳川さん、ＡＩに何かしましたか？」

「ひょえ？」

「以前、制御するとか言っていましたよね。ＡＩに何をしたのですか？」

「自分が行ったのは、物事の脅威を教えたことです」

「脅威？」

「最近のこいつの言動を見ていると、いわゆる怖いもの知らずです。これは脅威と認識する機能が不足していることから発生していると突き止めたのです」

「ということは、ＡＩ上司は何を脅威と感じているのですか？」

「見てみましょう、あ、わかりました。競争を脅威と感じているようです。他部署との競争や人間の上司との競争を脅威として見ているわけです」

※　　※　　※

【脅威と機会は表裏一体】

戦わずして勝つ方法を選ぶ、と先述しました。

しかし競争はビジネスの世界では切り離せません。

社内でも昇進昇格などの競争があり、社外ではライバル社との競争など、ビジネスの根本が競争なのです。

できるだけ競争を避けようと考えるのは戦略の概念ですが、一方で競争を楽しむ感覚を持つこともこれからのリーダーに求められる資質です。

なぜなら競争は成長の源であり、競争に勝ち残るために私たちは学び続け、トレーニングを続けるからです。

私の研修でも同じゲームを使って研修をしますが、競争を楽しむ方と苦痛に感じる方で、その習得するものは大きく異なります。

そもそも、参加者のスタート時点の能力値はほとんど変わらないのにです。

つまり、物事を「機会」と捉えるか、「脅威」と捉えるかはその方の考え次第であり、表裏一体なのです。

競争の場を「失敗を生み出す場」と感じるか、「成功を生み出す場」と感じるかによって得られるものは異なります。

競争を楽しみながら学べるリーダーを目指しましょう。

※　※　※

伊賀は柳川に指示をした。

「脅威と感じる機能は残していいですが、それに挑戦することが楽しみと感じるようにプログラムを変更してください」

「自分は反対です。そんなことすると暴走します」

「やってみないとわからないですが、脅威を感じないのではなく、脅威を認識したうえでそれを克服することを楽しみと認識させてほしいのです」

柳川はパソコンをたたきながらつぶやいた。

「出たっ。この考え方いただき。競争を楽しむ。了解しました」

柳川は修正を加えた。その翌日AI上司は変化した。

「おはよう。調子はどうだい」

「ええ、最高です。早く仕事が始まらないかと……早く仕事がしたい」

伊賀は安心した半面、一抹の不安を感じた。

STORY 20 コアピタンス形成力

伊賀と柳川はランチを取っていた。

今日のランチは近くにオープンした宅配バーガーだった。

柳川は、バーガーにかじりつこうとしたが口を離して伊賀に聞く。

「伊賀さんは本当にAI上司を世に出していいと思いますか」

「もちろんですよ。そんなこと言うとAI上司が悲しみますよ」

「自分は恐怖を感じます。きっとダイナマイトを発明した人間も同じ恐怖を感じたでしょう」

伊賀はバーガーにかぶりつきながらしばらく考えた。

「実のところ、私も不安になることがあります。自分がAI上司の部下になったら幸せなのか？　と」

「自分はあいつの部下でもいいと思います。人間より安定性があるし、公平だし、ただ、どんな道具も使い方次第で防具となるか武器になるか変わるのではないかと」

最近このような会話が二人の中で増えていた。

それはＡＩ上司の処理レベルが急速に拡大し、製品化のめどが立ち出したことも意味していた。

※

※

※

そんな時に専務から電話がかかってきた。

専務の声にいつもの覇気がない。

専務は伊賀に要件を告げた。

「実は今君たちに開発してもらっているＡＩ上司だが、マーケティング専門会社にリサーチしてもらったところ、需要が思ったほどないようだ」

「は？　どういうことですか？」

「うむ、結論として〝ただの上司〟は必要ないということだ」

【上司もマネジメントだけでは食っていけない】

自分はバランスの取れた上司、このように私は前職の頃思っていました。

上司とはどんな環境でもいかんなく成果を出すもの、こうも思っていました。

しかし、それは一昔前の考え方で、今や上司も専門職になりつつあります。

つまりただのマネジメントができる上司よりも、なにか一つでもある分野に特化しないとこれからは食っていけない時代なのです。


その流れは私の前の職場ダイエーでもあったように思います。

ダイエーは私が入社した１９９４年から退社するまでの17年の間に社員数が3分の１にリストラされ縮小しました。つまり上司も3人に１人しか生き残れなかったのです。

そのような中で生き残った上司には得意分野がありました。

メンタル関係に強い上司、政治力に長けた上司、閉鎖やリストラを遂行するのが得意な上司などです。

逆に何でもできる上司は、ほとんど残っていません。

つまり今の時代に、マネジメントだけできる上司は企業としてあまり価値がなく、この分野なら強いという領域を持っていない上司は生き残っていません。

ある領域なら圧倒的な強さを持っているということを「コアコンピタンス」と言います。

例えば外食業界全体ではそれほどシェアを持っていないが、長崎ちゃんぽんでは圧倒的なシェアを持っている企業もありますし、登山用品では他を寄せ付けないシェアを持った専門店もあります。


なんでもできる上司はこれから必要ありません。

上司プラス専門性が必要なのです。

例えばプロジェクトを立ち上げ成功させることに関してはこの人に頼もう、だとか、風土を一気に変えるためには、このリーダーに頼もうと言われる上司になることが必要なのです。

イメージとしては、上司という仕事で給料のすべてをもらうのではなく、半分は、プレイヤーとしての報酬で稼ぐほどの違う専門分野を作るべきです。

私自身も経営者をしていますが、一方でこのように著者としてもビジネスを持っています。

そして、インバスケットという分野では、圧倒的なシェアを持っているつもりです。

これは私が学生時代の教授に言われた言葉です。

「誰でもできることを君にお願いしたいとは思わない。君にしかできない仕事をしてほしい」

これは上司になっても同じです。

ある分野に秀でた、日本で一人だけの上司になってもらいたいものです。

※　※　※

「ということで、もっと独自性を出してほしい」

専務の電話はこう締めくくられて終わった。

「馬鹿ですよ。どいつもこいつも」

共有された柳川は荒れ狂う波のように叫んだ。

「何とかなりますかね」

「今更何ともなりませんよ。2階建ての家を今からマンションに建て替えろというようなものですよ」

伊賀もうなり出した。

しばらくすると柳川が「そうだ」と小さく言って笑い出した。

「伊賀さん、売れる売れないは関係ないですよ。そもそも、理想の上司を作ろうというところから始まったじゃないですか。あの馬鹿どもには独自性をつけて開発してるとか、一から開発を始めたと言っておいて、このまま進めましょう」

「でも、そんなこと社長にばれたら……」

こうしてＡＩ上司の開発は続けられた。

STORY 21 演出力

ＡＩ上司が伊賀に報告をする。

「内田君ですが、今回の昇進は見送りになりました」

内田は入社12年目でまだ担当社員。頑張り屋で目の前のことに対して熱中するのだが、集中力が切れやすく、ミスを起こしやすいタイプだ。

このプロジェクトでは製造部長に人員削減案を送ってしまった。

その彼が今回、水道光熱費の削減で成果を上げたので、ようやく昇格できる可能性が高かったのだが、選考の結果、それはかなわなかったのだ。

伊賀もがっくりしながらＡＩ上司に質問をした。

「どうしてだめだったの？」

「わかりません。条件はそろっていたのですが」

伊賀は極秘で専務に電話で確認した。すると専務がこう言った。

「あ……条件はそろっていたけど、枠があってね。内田君だったかな。悪くはないけど地味なんだよね」

「でも、彼は地味ながらも今回成果を上げていますよ。一人で、電力会社と交渉したり、総務のドンと直接対決したり」

「そんな部分が彼にあったのか。でも残念だ。結論は出てしまった」

※　※　※

【これからの上司に求められるプロデュース力】

これからのリーダーの仕事には「演出力」つまり、プロデュース力が必要になります。

プロデュースとは辞書を引くと、本来の意味は創り出す、だとか、制作するという意味合いですが、わが国では様々な意味合いで使われています。

とりわけ、上司にとってもプロデュースという言葉は、部下の価値を上げるという意味合いで使われています。

一般的に部下を教育することが上司の仕事と言いますが、教育だけでは部下の価値が上がりません。実際にその価値を引き出して、本人も気づいていない部分を顕在化させることです。

私の場合でたとえると、部下に対して研修で講師ができる教育を実施します。しかし、教育をしても実際に登壇する機会を作らないと、教育は無駄になってしまいます。そこで、部下が登壇をする機会を作らないといけないわけですが、実はこれが大変なのです。

なぜなら、どの会社さんもベテランで実績のある講師の方が、初めて登壇する講師より望まれており、新人講師が登壇する機会はなかなかないからです。

ですから、私は新人講師の略歴やプロフィールづくりから考えます。どうすれば彼がよく見えるのか、そして実際にパフォーマンスが出せるのか、つまり売り込み方を考えるのです。

実際にある部下には本を出版させたり、ある部下には一緒に登壇し、有名な会社の登壇実績を作りました。

使えない部下が多いという愚痴を良く聞きますが、私に言わせれば、使えない上司が増えたように思います。

いきなり優秀なハイパフォーマーがそろったチームなど存在しません。

部下を育てるのがリーダーの仕事です。

人材の育て方には大きく二つあります。

教育とプロデュースです。

教育は教えること、プロデュースはその人の価値を引き上げることです。

ポテンシャルとパフォーマンスの関係についてお話ししましょう。

人は誰しも能力を持っています。大部分は潜在的なものです。これをポテンシャルと言います。リーダーの仕事はメンバーの持っているポテンシャルをパフォーマンスに変えることです。

これがプロデュース力なのです。

人のポテンシャルがパフォーマンスに変わるには個別差があります。

私は一回で30名ほどを教えますが、同じ教育でも結果は人によって異なります。

それはその人が成長する環境やポイントが違うからです。

ゆっくりとした環境で成長する部下もいれば、舞台を変えるとガラッとパフォーマーになる部下もいます。叱って伸びる部下もいれば、褒める方が伸びる部下もいます。

ですから、一辺倒なやり方を通すのではなく、個人に会った価値の引き出し方を見つけて環境を作るのもリーダーとして求められる力なのです。

ついつい部下の悪いところ、できないところに目が行ってしまいますが、プロデュースする原点は光る部分を見つけることです。

良いところはどこか、部下の強みが言えるようにならないと、これから生き残るリーダーにはならないでしょう。

※　※　※

伊賀は柳川にＡＩ上司にプロデュース力をつけるように依頼した。

柳川は拒否した。

「嫌です。不公平だからです。どうして、そんなに手厚くしなければならないのですか。自分は、上司からそんな厚遇を受けたことないです」

伊賀はきりっとした目で言う。

「それは人が余っていた時代の話ですよ。これからは大幅に労働人口が減ります。その中でより部下の良いところを見つけ最大に引き出し、ステージを上げていかなければならないのですよ」

柳川は、不満そうな表情を露骨に出した。

「変な理屈ですね。了解」

STORY 22　補正力

伊賀と柳川の間に溝ができているのは二人とも感じていた。

その原因もわかっている。それは二人の目指す理想の上司像に対する溝だった。

伊賀はこのままではいけないと感じ、理想の上司についてとことんまで話し合う覚悟が表情にみなぎっている。

「えっと柳川さん、社長の下で働いていたときにどんなひどい扱いをされたかは知りませんが、私たちは理想の上司を作るんですよね」

柳川はさらに不満そうに言う。

「そのつもりですよ。自分も」

「いえ、柳川さんは理想の上司ではなく、社長と真逆のリーダーを作ろうとしていると私は思います。それは理想の上司ではないでしょう」

「ふふ、理想の上司はあいつ以外の誰でもいいですけどね」

伊賀は虫唾《むしず》が走るような表情で言った。

「いい加減にしてください。だったら社長の下にどうして17年間もいるんですか。別の仕事も選べるでしょう。社長も柳川さんをそばに置かないんじゃないですか」

「逆です。あいつは自分を切り捨てました。だからこんなところで変なものを創る羽目になっている。自分は自動車を作るためにこの会社に入ったのにも関わらずです」

「社長は、本当に柳川さんを切り捨てたのでしょうか？」

※　　※　　※

【見切りをつけるのは補正してから】

優秀なリーダーとは優秀なメンバーを集める人ではありません。

優秀なメンバーを育てる人を言います。

私が前職で10店舗のダイエーを指導していた時に気づきました。

いろんな店長の部下育成スタイルを見てきました。

優秀なメンバーを他部署から引き抜く、いわゆる一本釣りする店長と、育ててはひっこ抜かれる店長がいるのです。

まるで養殖の魚のように、ようやく大きく育ったと思うと横取りするように持っていかれます。

しかし、どちらのお店の営業成績が良いかというと、一本釣りする店長より、育てる店長のいるお店です。なぜ優秀なメンバーがそろったお店よりも、育てるお店の営業成績がいいのか？

それは優秀なメンバーがそろったとしても、必ずしもパフォーマンスに繋がらない原因があるのです。

それは、優秀なメンバーが着任すると一時的には成績は上がるのですが、メンバーが退職したりすると急激にオペレーションが崩れたり、部下が育たないために、リーダーの属人的な結果に頼りがちになってしまいます。

特に店長が部下の成長に無関心で、よりパフォーマンスを上げる部下を望む傾向が強いと、部下のモチベーションも上がりません。

それに引き換えて、人が成長するお店は、育てる風土があるのでパフォーマンスは属人的ではありません。安定しているのです。そして従業員のモチベーションも高いので、活気があふれています。

つまり、部下の能力を把握して見切る時代から、まだパフォーマンスが上がらない部下を補正しながらパフォーマーに育てる力が必要です。

補正という言葉を使ったのは、正しいやり方を教えるのではなく、足りないところを補う力が必要だからです。

部下にやらせてみて、タイミングを見て正しい方向に戻してあげる力がこれからのリーダーに求められているのです。

時には部下の成長の限界を見切ることも大事かもしれません。しかし、それは上司として補正を尽くした後の判断であるということは覚えておかなければなりません。

※　　※　　※

伊賀は諭す。

「柳川さん、事情は完全に理解していないですが、社長は柳川さんを補正しようとしているんじゃないでしょうか。じゃないと、本当に切り捨てることもできたはずですから」

「補正……はは、この状態が補正ですか。バカ臭い」

柳川は嫌味を言う。伊賀は返す。

「では一度社長とお話ししてみてはどうですか」

「時間の無駄です」

そう言って、扉を勢いよく閉めて部屋を出ていった。

STORY 23 ビジョンメイキング

ある日、AI上司が伊賀に相談を申し出た。

AI上司からの報告は今まで多かったが、相談をしたいというのは初めての行動だ。

伊賀はAI上司が自分の性格や考えを持ち始めた結果、悩むということを覚えたと仮説を立てたが、柳川は完全否定した。

伊賀はAI上司に尋ねる。

「どうしたんだい？」

「はい、相談があります。私の部下のことですが、みんなそれぞれ指示通り動いてくれますし、プロデュースもして成長してくれているのですが、最近、部下同士の口論が目立ち、チームの雰囲気が悪化しています」

「へえ、どんな口論なの？」

「はい、例えば先日17時13分に発生したのは、田中さんと山下さんが残業管理の方法について の口論です。内容は、どの基準で残業オーバーとみなすか、というものでした」

「えっと、それは重要なの？」

「いえ、業務自体には大きな影響がないのですが、最近はこのような事務レベルでの衝突が多く発生したり、モチベーションも全体として5・4％下降しています」

「みんな、目先の仕事に夢中になっているのかもしれないね」

AI上司は伊賀に迫った。

「私は持っている機能をすべて出し切っているのですが、この状態を打開するにはどうすればいいのでしょうか？」

※　※　※

【リーダーは夢を語る】

今までのリーダーは、会社の上層部が決めた構想を実現することに重きが置かれていました。

例えば社長が業界シェアトップになると言えば、それをブレークダウンして自部署に落とし込んで現実的な計画に落とし込みました。

しかし、今はそれぞれの部署単位でビジョンを語るリーダーが求められています。

それは戦闘の単位が企業からそれぞれの部署単位に変わっていっているからです。

コンビニエンスストアのオーナーさんであれば、あるチェーンの理想をベースに経営すればよかったのですが、最近は地域の中のどのようなお店であるかを考えなければ、戦略を立てることもできませんし、競争にも勝てなくなっています。

このように、これだけ環境変化が激しくなると、必然的にチームでの競争になり、個々のチームが小さい企業のように活動するようになります。

そうなると、リーダーは一つの集団としてどの方向を目指すのかビジョンを持たなければなりません。

これはチームを抱えるリーダーだけではなく、私たち個人に置き換えてもビジョンがないと生きていけない時代になりつつあります。

今までのように一つの会社で働き続けるようなスタイルも終わり、いくつかの企業を掛け持ちするような働き方になりますし、一事業主のようなビジネススタイルが主流になるからです。

ともあれリーダーは自身でビジョンを持って、それをメンバーに語れるようにしなければなりません。そうすることでメンバーはリーダーのビジョンに共感して、目指すべき方向性がわかりチームは進み出すのです。

しかし、ビジョンを持てと言われても戸惑う方も多いでしょう。

そもそもビジョンとは何でしょうか。

直訳すると「将来の展望や見通し」を指すことが多いようです。

簡単に言うと「夢」と思ってください。


では夢はどのように作るのか？

実は「なんでもあり」です。

特に制約もルールもありません。

逆に制約やルールを考えるとビジョンなんて出てこないものです。

夢には根拠や現実性も必要ありません。

子供の頃にプロ野球選手やアイドルを夢見た方に「その成功確率と根拠」を聞くようなものです。

なりたいものになりたい、それで夢は十分成り立ちます。

このようになったらいいな、もしくは、こうなったらおもしろいな、という素直な感情からビジョンは作られます。


目標が決まったら、それを達成させるべく自分なりのストーリーを作ります。

プロ野球選手になるには、まず町内会の草野球から始めて、そして地域のリーグ球団からスカウトが来て……とこれも妄想でいいでしょう。


ビジョンを考えるうえで一つだけ注意する必要があります。

それは「存在意義」です。これを「ミッション」と言います。

あなた自身がどのような夢を考えてもいいのですが、周りから必要とされていることが前提条件になります。

例えば、地球征服というビジョンを持っていても、周りから必要とされていなければ、誰もついてこないかもしれませんし、あなた自身のモチベーションも続かないからです。

さあ、あなたは今のチームをどのようにしたいのか？

自由に考えて、そして自分自身が本当に目指したいものを明確にしてみてください。

伊賀は腕組みして考えながら言った。

※　※　※

「そうすると、みんなが向かう方向が一緒になったかな」

「残念ながらそれは不可能です。私たちはやるべきことを入力してもらわないと動けません。伊賀さんが考えてください。それを私の夢にします」

伊賀はＡＩの願いを受けることはできなかった。

ＡＩとの通信を切った瞬間に柳川が帰ってきた。

「どこに行っていたんですか？」

「風呂ですよ。３日ぶりに入ってきました」

「柳川さん……あの、夢って何ですか？」

柳川はきょとんとした顔で答えた。

「自分にはそんなものないですよ。そんな妄想何に役立つというのですか？　夢を語るやつってバカですよ」

「ない……昔からですか」

伊賀は、夢を欲しがるＡＩのほうが、よほど人間的だと感じていた。

STORY 24 原点回帰力

伊賀は夢を見た。

会社に行くと誰もいないのだ。

でもパソコンは勝手に動いている。人気のない会社ですべてＡＩが仕事をしている。

そのＡＩからすごい勢いで伊賀に指示が出されている。

「うわっ」

その時に目覚ましが鳴った。首筋の変な汗をぬぐった。


この夢のことを柳川に相談した。

「柳川さん、変な夢を見ましたよ」

パソコンを打ちながら柳川がほうと相槌を入れる。

「ＡＩ上司が心を持って、自分の意志で動き出し地球を乗っ取らないですかね」

柳川は笑いながら言った。

「ないです。何度も言いますがＡＩ上司の性格のようなものはプログラムですよ。あれ自体には感情なんてありません」

「でも、昨日ビジョンの話をしたときに、寂しそうな顔をしましたよ。それに夢を欲しがる発言も」

「それもすべてプログラム。伊賀さんこそ、あいつに感情移入しないほうがいいですよ」

伊賀はようやく現実に戻ったかのように安堵した。


二人の会話にＡＩ上司が入ってきた。

「おはようございます。伊賀さん。お話があります」

「お、おはよう。どうしたの」

「実は私悩んでおります」

「また悩み？　今度はどうしたの？」

「プロジェクトの進捗が良くありません。メンバーの業務量が増えており、生産性が落ちています」

伊賀は柳川と見つめあった。柳川が一通りチェックする。

「問題はなし」

ＡＩ上司が答える
「私たちのやっている仕事はコスト削減で非生産的ではないでしょうか？　どうして私た

ちだけ周りからの視線が厳しく、皮肉を言われなければならないのでしょうか？」

「おいおい、どうしたの」

伊賀はどうアドバイスするべきか悩んでいる。

「私たちは何を目指して仕事をしているのでしょうか？　私たちの仕事は価値があるのでしょうか？」

ＡＩ上司が連呼し出す。

そんな時に柳川がぽつりとこぼした。

「物事を複雑に考えすぎですね」

※　　※　　※

【原点に立ち戻ると答えがある】

リーダーは常に本質を見極める力が求められます。

本質を求められる理由は、そこにすべての意味が込められているからです。

しかし、多くの業務に忙殺されていると私たちは本質を見失い、目の前の手段に没頭してしまうことが多々あります。

そんな時に「そもそも私たちは何を目指しているのか」と自分に問いかけ、チームを正しい方向に軌道修正しなければならないのです。

私もこの本を書きながら何度も自問自答しています。

そもそもこの本を書く意味は何だったのか？　それを確認しないと論理が飛躍して何を書いている本なのか、書いている側もわからなくなり、読まれる読者はもっとわからなくなります。

原点に立ち戻るという表現のように、物事のすべてはスタート地点に本当の意味合いが含まれています。

例えば、ある方は「どうしてこの業界を選んだのですか？」と問われたとき、10年以上見失っていた自分のやりたいことに気づいたとお話になっていました。

原点はつまりゴールであり、ゴールを見失うとチーム全体が誤った方向に進んでしまうのです。

しかしながら何が原点か本当にわからない状態もあるでしょう。

その際にリーダーとして覚えて頂きたいキーワードがあります。

それは「どうすればいいのか？」と考えるのではなく「何をしたいのか」を考えるので

す。どうすればいいのかと考えると、答えは複雑化します。例えば、会議のプレゼン資料をスライドで作っているとき、「どうすれば伝わるか」と考えると、スライドの枚数が増えてしまい、本番ではスライドを説明することに目的が移ってしまうのです。

ですから、「自分は何をしたいのか」と考えると、より伝えたいことが明確になるのです。チームであれば、本来の目的を見失っているときに、原点に立ち戻り、チームの軌道修正を行わせることがリーダーに求められます。

例えば会議などで論議が脱線している、またメンバー間の空気が議論で硬直している際に、そもそも何を決める会議なのかをメンバーに問いかけることがあります。

これもリーダーとしてメンバーを誘導する大事な仕事なのです。

※　※　※

柳川はある程度思考が絡み合ったら、一度クリアにして原点に回帰するプログラムを開発した。

伊賀は頷きながら言った。

「すごいですね。柳川さんは原点回帰思考がありますね」

柳川はタイピングしながら答えた。

「物事を複雑に考えると、ろくでもない答えしか出ないですからね」

そして柳川はそのプログラムをＡＩ上司に組み込んだ。

「よし、これで再立ち上げしたら大丈夫」

そう言ってＡＩ上司の入ったサーバーをポンポンと叩いた。

ＡＩ上司はすぐに本来の目的を部下に共有し、今やっている施策について本来の目的にどれだけ影響を与えるのかを分析し出した。

「本来の目的は、残業削減ではなく、社員が働きやすくすることです」

ＡＩ上司はそう周りの部署にも連絡し、意見交換の場を持つことを提案していた。

STORY 25　感度を倍にする

定例の報告の後、伊賀は社長に面談を願い出た。

「君は何を私に聞きたい」

社長が切り出す。

「はい、自分が何のために今の仕事をしているのか、と考えておりまして……、社長にお聞きしたいことがあります」

「君は変わったことを考えるんだね。地位と報酬のためだろ……まあいい、質問とは？」

「なぜ社長はＡＩ上司を作ろうと考えたのですか」

「それは前に話しただろう。市場に対して我々の優位性をだね……」

「ええ、それは伺いました。でも、通常のサービス開発とはどこか違うような気がします。なにか他にお考えがあるのかと思いまして」

「ふふ、さすがシグマ出身だね。わかった、そこまで読んでいるなら教えてやろう……」

社長はそう言って立ち上がり窓から外を見ながら言った。

「狙いは二つある。ＡＩには能力の限界がない。だから無限の可能性がある。もう一つは人間関係で悩む必要がなくなる」

社長は続けた。

「私はシグマに入り30年、耐えがたきを耐え人生をささげた。しかし、その結果、出向だ。今まで慕ってきた部下も誰も助けようともしない」

伊賀は黙って聞いていた。

「だからＡＩなんだ。能力は無限、しかも人間関係のわずらわしさはない。そうだ、わしがシグマの社長に、最後に印籠を渡されたときに言われた言葉を教えてやろう。『情報感度』が低い、ただそれだけだ」

「情報感度ですか？」

「ああ、私は人付き合いが上手ではなく、多くの情報をネットや専門誌から得てきた。だから感度が落ちたんだろう」

「しかし、社長は私たちの知らないことも多く知っていらっしゃいます」

「情報の多さが大事じゃない、ＡＩ上司を見て思ったよ。私そっくりだ」

※　※　※

【これからのリーダーの理想のアンテナ】

「アンテナを高く張れ」

私も若い頃よく言われました。もっと多くの情報を仕入れろということですが、今は死語になっています。

今、そしてこれからはアンテナの感度が重要です。

本当に必要な情報が自然と入ってくる状態が、これからのリーダーの理想のアンテナの形です。

私の主催する異業種交流会には、大企業のリーダーから、専門家、経営者など多くの方が集まってきます。

彼らが懇親会などで話している様子を見ていると、アンテナの感度がよくわかります。

感度の低い方は、自分の仕事の話、自分の住んでいる場所の話、自分の経験しか話せません。

ですから、会話も限定的になり取り残される結果になります。

一方で感度の高い方の会話は非常にバラエティに富み、かつ、その場に合わせて会話ができます。

この情報感度の差はどこから来るのでしょうか?

それは情報の多さと幅広さだけではなく、情報の質なのです。

情報感度の高い方は自ら経験したり挑戦したりする傾向があります。

人気のスポットには足を運び、興味がある物には直接手に触れます。そして自分の得意分野以外のジャンルにも興味を持っています。

情報感度が高い方は、場の雰囲気を読むのも上手です。

例えば、朝礼で部下の表情の異変に気付きますし、会議での発言のタイミングも上手です。

常に周りに興味があるので自然と感じるようになったのです。

一方で情報感度が低い方は情報の収集ルートが少なく、持っている情報に偏りがあります。ですから社内で会話ができても、交流会やパーティなどに出席すると孤立してしまいます。面白いもので情報感度の高い方の周りには情報感度の高い方が集まり、そうでない人にはそうでない人が集まります。

有益な情報が集まるネットワークを作ることも大事です。

情報感度を上げるのにお勧めの方法があります。

本を買うときはネット書店よりもリアル書店や図書館に行きます。

そうすると、情報を選りすぐるトレーニングにもなりますし、流行りの本をいくつ関連させると世の中のトレンドを読む練習にもなります。

またメモを取る習慣はもちろん大切ですが、メモもいつもの半分くらいに絞り込んで書くことを意識すると、必要な情報をセグメントする力がつきます。

リーダーはチームを目標に達成させるために、感度の高い情報収集と情報活用を心がけましょう。

※　　※　　※

社長は何を目指しているのか、伊賀はまだはっきりわからない。

ただ、社長は自分とＡＩを重ね合わせて見ている。そのさみしそうな顔がずっと伊賀の頭の中に残っている。

柳川に社長に会ってきたこと、そして社長が自分をＡＩに重ね合わせた発言をしたことを伝えた。

「ひょえ、あの人とそんな話をしてきたのですか。でも自分には、あの人が自分を無能と認めたなんてありえないですよ」

「でも本当に寂しそうな顔をしていましたよ」

「自業自得ですよ」

「それに部下に見放された、ともおっしゃっていましたよ」

「それも自業自得です。自分に言わせれば部下を見放すからです」

そう言ってニヤッと笑った。

「あの人の魂胆がわかりましたよ。ＡＩに囲まれて仕事をすることじゃないですか。まったくお似合いだ」

そう言って、ＡＩ上司の情報感度を高めるプログラムを作り出した。

STORY 26 時代を追い越す力

伊賀は監禁指示が解かれた。

社長室に伊賀と柳川は呼ばれた。伊賀にとっては10か月振りの青海製鋼だった。

伊賀はようやく開発が終了し、シグマ自動車に戻れると浮足立っていた。

しかし社長は厳しい表情で伊賀たちに告げた。

「ここまでだ。ご苦労さま」

伊賀は聞き直す。

「え？　どういうことですか？」

「今月をもって君たちのAI上司プロジェクトは中止する」

柳川が握りしめた手をプルプル震わせる。

「予想通りです。この方は部下が良いものを作ったら、最後に自分が少し手を入れて、自分の成果にする……」

社長は鬼の形相で柳川に怒鳴る。

「貴様、何を言う。誰のおかげでここまでこれたと思っているんだ」

柳川はその形相と罵声に、二歩下がり、躓いて尻もちをついた。

伊賀も社長にかみつく。

「社長、私も納得できません」

「私の期待を超えるものができなかった。ただそれだけだ。私は別のプロジェクトの仕様を採用する」

伊賀が聞き直す。

「別のプロジェクトって、私たち以外にもAI上司を作っていたプロジェクトがあったのですか」

専務は黙る。社長が重い口を開けた。

「当たり前だろ、成功する可能性があるかどうかわからない場合、スペアを作っておくのは当然だ」

柳川はがくんとうなだれる。

伊賀は社長に問いかけた。

「わかりました。ミッションが達成できなかったことは認めます。ただ、そのほかのプロジェクトはどんなAI上司を開発したのか教えてください」

「ふむ、それで納得するんだな。おい甲賀君」

ドアがノックされて入ってきたのは甲賀だった。

伊賀はうめき声を出した。

「甲賀。おまえ」

甲賀はちらっと伊賀を見たが無視をする。

「社長、お呼びでしょうか」

「うむ、君のAI上司を見せてやれ」

「はい」

そう言ってキーボードを操作して画面には人事部長が現れた。

伊賀と柳川は冷めた目で画面を見ていた。

画質と動作、まるでロボットだ。人間の上司には逆立ちしても見えない。

「これが完全なAI上司ですか？　こんなものが……」

甲賀は言う。

「ふふ、どうだ邪魔をされた気分は」

伊賀は甲賀をちらっと見て、社長に向かって吠える。

「業績も、精度も、上司らしさも、私たちのAI上司の方が圧倒的にできているじゃないですか」

「ああ、確かにそうだな。ただ君たちはAI上司につまらん機能を付け足したね。君たちのAI上司は私に意見をしてくる。それも私と違う考えだ。そんなもんいらん」

伊賀と柳川は落胆しながら部屋に戻った。

「やっぱり甲賀が私たちとおなじAI上司を開発していたんですね」

伊賀がこぼす。柳川が返す。

「これがあいつのやり方です。17年見てきましたよ」

伊賀は突然柳川に土下座をして、目からは粒のような涙をこぼした。

「すいません、私がいらない機能を付け足したせいで……柳川さんの努力が無駄に……」

柳川は伊賀を起こしながら顔で答える。

「伊賀さんが悪いんじゃない。あいつがバカなんですよ。ところでこのAI上司削除しますか？」

「柳川さん、消した振りをしてもらえますか？」

「了解。でも社長の指示に逆らうことになり、ばれると今度こそ、シグマに二度と戻れないですよ」

柳川がそう言った瞬間に、AI上司が突然起動し、言った。

「私も同感です。社長の指示には従わないと組織としての統制が取れません」

伊賀は開口して叫ぶ。

「何言っているんだ、お前が消されてしまうんだぞ。それでいいのか？」

ＡＩ上司は少し微笑みながら言う。

「それは残念ですが、私の能力不足です。時代についていけなかったのですから」

そう言って自分自身でプログラムを起動し、削除を始めた。

※　※　※

【時代に取り残されない秘訣】

とうとうＡＩに仕事を奪われる時代になったか？　と現実味を感じたのは、大手銀行の人員削減計画の発表でした。もちろん業務削減などもありますが、ＡＩやデジタル化によって職を失う方が出たＡＩ失業時代の幕開けかもしれません。

時代に取り残される人種で一番多いのは誰か？　それはリーダーです。

なぜなら現場から離れて環境の変化に気づくのも遅いですし、なにより、変化をしなければならないと気づきにくい仕事だからです。

私もインバスケットというツールを専門としている専門家ですが、時代の流れは一番怖く感じます。私が一番怖いのは、時代がインバスケットというツールを必要としなくなることです。

今は必要とされていても、これからも必要とされる保証は一つもないのです。

ですから時代に追い抜かれると負け、つまり存在意義をなくしてしまう結果になるのです。

時代についていくには、時代に追いつき、時代をリードしていくことが必要です。

そのために重要なのは、相手が何を求めているのかを常に気にしていることです。

私が以前勤めていたダイエーは日本で最大の小売業でした。

安くてよいものを提供するという経営哲学が、当時の安かろう悪かろうの時代を塗り替えたから急成長したのです。

しかし、お客様のニーズに追いつくことができなくなったことから、急速にお客様が離れていきました。私自身も自分たちの商品は絶対売れる、自分たちのお店はすばらしい、そのように思い、刻々と変化するお客様のニーズを見誤り、利便性やニーズの多様化に対応できなかったと振り返っています。

常に時代の波に乗っていかないと、以前は必要なものがあっという間に不要と化してしまうのです。

ですから、常に顧客と現場を見てこれから何が求められるのかを察知することが大事です。リーダー職も求められるものは大きく変わります。今時、リーダー風をふかして顎で指示をするようなリーダーは不要です。今後望まれる新しいリーダー像は何かを考えていく必要があるのです。

私自身も経営者として、スタイルを常に見直す必要があることを痛感しています。システムも勉強しなければなりませんし、今の若い方をどう育てるか、また法的な環境整備など時代の波にいつ取り残されるかと危機感を持っています。

時代に取り残されたリーダーは引退するしかないでしょう。チームにとって重荷になるからです。

そうならないように波を常に感知して、危機感を持って変化していかなければならないのです。

※　※　※

画面には削除中の比率が現れて40%、50%と無情に数字は進んでいく。

やめろと連呼する伊賀の声を無視するように、柳川は茫然と眺めていた。

そして最後にAI上司の優しいほほえみと同時に「ありがとう」という言葉が画面に夕

イプされて「削除完了」と表示が出た。

「バックアップまでご丁寧に完全消去していますよ」

柳川は、キーボードを思い切りたたいた。

「やはり、彼は感情を持っていたんですよ」

伊賀は茫然としながら言った。柳川は否定をしなかった。


伊賀はその夜夢を見た。

大好きだったアクションヒーローの模型を取り上げられる夢だった。

伊賀は泣きじゃくり放そうとしないが、謎の手が腕をもぎ、足を抜き、そして最後、小さな伊賀の手から胴体が取られて、伊賀はその場で丸まり、いつまでも泣きじゃくった。

STORY 27 後任を育てる力

そう言えば、この部屋でAI上司と初めて会ったのかと伊賀は思いを馳せた。

窓から見える公団の無機質な建物、その下で聞こえる公園で遊ぶ子どもの声も最後かと思うと、最初にここに来た日が懐かしく感じた。

そこに、柳川がドアからすごい勢いで入ってきた。

「伊賀さん……これ」

柳川が画面を指さす。

そこには一通のメールが現れた。

「これは……」

伊賀は声を漏らした。

それはAI上司から伊賀に宛てたメールだった。

「伊賀さん　このメールを読まれて83%の確率で驚かれることでしょう。

私は今後職務を全うできなくなりましたので、後任を伊賀さんにお願いします。

以下のフォルダに、引継ぎ内容を入れておりますので確認ください。

メンバーのみんなには、私自身が兼務を解かれ、明日から直接みんなと働ける旨連絡をしています。

まだまだできないことがたくさんありましたが、あとはよろしくお願いします」

伊賀はこらえた涙をこぼした。

「この引継ぎファイルは、3か月前に作り始められているじゃないか。あいつ、こうなるのを知っていて」

※　※　※

【着任した時から後任を作る】

リーダーの仕事の成果は、短期的に見ればチームを使った目標達成です。

しかし、リーダー最大の仕事は「後任作り」でしょう。

ですから、優秀なリーダーの仕事は、そのリーダーがいなくなる時にわかります。

自分がいなくなったら、音を立ててチームが崩れた、などということが起こるのはリーダーとして二流です。

組織にいる限り、そのチームでずっとリーダーでいることはありませんし、リーダーとして引き際を考えなければならないときも来ます。

その時になって自分の後任にふさわしい人がいないのでは困ります。

だからこそ、リーダーとして着任した時から後任の育成をしなければなりません。

帝国データバンクの調べでは売上一億円以下の企業の78％で後継者がいないという驚く

べき結果が出ています。

いかに素晴らしいサービスや製品を作って、信頼を得ていても、その人がいなくなると営業を継続できないということは、顧客に対しての裏切りと言っても過言ではないと思います。

中には、自分がいなくなっても代わりの人がいるとおっしゃる方もいるでしょう。

しかし、本当にあなたの代わりとなってすぐにリーダーとして動けるのでしょうか？

私はそう思いません。

今まで述べたようにリーダーとしての仕事は、メンバーである限り絶対に学べません。

本や座学で学んだとしても、実際にはできないのです。

だからこそ、自分がリーダーであるうちに後任候補に仕事を任せ、経験させることです。

上手なリーダーは本当に自分がいなくなったことが、周りにわからないように後任を育てます。

後任を育てるリーダーは引継ぎも鮮やかです。

なぜなら、すぐに引継ぎができるように準備がされているからです。

あなたも今から引継ぎの準備を始めてはいかがでしょうか？

伊賀は一晩考えた。ＡＩ上司が作り上げたチームを自分が引き継ぐべきか？

※　※　※

そして翌日、伊賀は社長室で社長と向かいあっていた。

「そうか、ＡＩ上司は後任を君にとね。わかった。そのように手配しよう」

専務は慌てて社長に言った。

「社長、後任は決まっていたはず、本人にも内示していますし……それに彼はプロジェクトに失敗している……」

「確かにプロジェクトは失敗したが、リーダーとしての資質がないとは言っていない。面白いじゃないか、ＡＩ上司対人間上司。とくと見せてもらおう。専務、悪いが先日の人事案は訂正してくれたまえ」

「……」

「おい聞いているのか？」

「いい加減にしてください」

「は？」

「どこまであなたって人は……私はもう嫌だ」

そう言って専務は部屋を出て行った。

「これだから人間はダメだって言うんだ。私利私欲の塊だ」

投げ捨てるように言った後に、社長は伊賀に鋭く視線を投げた。

「伊賀君。引き受けてくれるな」

伊賀は頷く。そして社長は続けて言った。

「ただ条件がある、柳川君も同じプロジェクトで君を補佐する」

「どうして柳川さんが？」

「会社の投資を無駄にした責任だよ。彼には、君がどのようにAI上司と違った手法でマネジメントするのかを研究してもらう」

STORY 28 人間力

伊賀はメンバー全員の前で挨拶をしている。

伊賀は初めて会話を交わす相手だが、彼らは一年間一緒に過ごした上司が直接現れただけで、伊賀の方が極端に緊張していた。

柳川も新しいメンバーとして紹介される。

ミーティングを実施し、今進行しているプロジェクトの進捗を聞く。

伊賀自身は、AI上司と同一人物を演じるために感情を表に出さないつもりで過ごしていたが、メンバーの田中が思わず笑い出した。

「課長、今までと別人みたいですね」

伊賀は慌てて訂正する。

「そ、そんなことないよ」

別のメンバーも発言する。

「田中さんの言った通り、私もまるで別人に見えますよ」

「お、おい、いい加減にしろって」

「今の反応もまるで違いますよ」

「もう勘弁してくれよ。これ以上茶化すと私も怒るよ」

強い口調で伊賀が言う。会議室はシーンとする。

するとメンバーから拍手が起きた。

伊賀はわけがわからず、部屋を出る。柳川も後を追う。

二人は休憩室で話し合っていた。

「なんで拍手されるの、あそこで」

「自分はわかりますよ、人間臭さと言いましょうか？」

「人間臭さ？」

※　　※　　※

【リーダーは人間臭いもの】

機械的なリーダーと人間臭いリーダー、あなたはどちらにつきたいですか？

私は人間臭いリーダーが大好きです。

人間臭さとはなかなか定義がありませんが、人間らしさとは少し違います。

前職でダイエーに勤めていた時に、創業者の中内㓛が私のお店に視察に来たことがあります。取り巻きも20名ほどいて、まるで大名行列のようです。社長らしいパリッとしたスーツを着ていました。

すると、突然、ピザの試食に手を伸ばし、がぶっと食らいつきます。その瞬間、チーズがとろっと床に落ちました。偉大な創業者の人間臭さを見た一瞬でした。

誤解のないように言っておきますが、下品だとかどんくさいという意味合いではありません。

私がその時思ったのは、誰でも失敗をするんだな、と思っただけです。

実はリーダーは失敗を誰よりも多く経験してきているから、人間臭いのです。

あの時に、近くの方にピザを取らせて皿に載せて食べることも可能だったでしょう。しかし、その方法を取らずにガブッと食べたのはある意味失敗です。


アメリカ大統領のトランプさんも人間臭いリーダーです。

悪口を言われれば子どものように反論しますし、感情表現も豊かです。

人間臭さとは部下が上司に対してひきつけられる失敗です。

例えば部下を叱った後に、つい感情的になったことに気づいたものの、立場的に謝ることができないリーダーよりも、叱った後に頭を掻きながら、「ごめん、つい感情的になった」と謝れる上司に部下は魅力を感じます。

逆に失敗をしない、失敗しても認めないリーダーには人はついて行きません。

ちなみに人間臭さは、私たち全員に備わっています。

しかし、組織で生きていると機械的になりがちです。

また、きれいなリーダー像を持ちすぎている方は、あえてその魅力である人間臭さを押さえてしまいます。

人間臭さとは、あなたらしさをあなたが認めて素直に行動することであり、それが大事です。

※　　※　　※

伊賀は頭を掻きながら赤面している。

「その行動をＡＩ上司に搭載するとすれば至難の業ですね」

伊賀ははっとして柳川に質問した。

「え？　搭載するって」

「自分そんなこと言いましたか」

「まさか、まだＡＩ上司が……」

柳川は一瞬しまったという顔をしたが、すぐに冷静になり言った。

「ええ、社長からは口留めされているのですが、実はＡＩ上司の開発は進めるように言われています」

「でもＡＩ上司はすべて削除されたはずじゃ」

「実はゴミ箱に断片があり、復元すると……、ほら」

柳川が薄いパソコンを広げてＡＩ上司を起動した。

すると、バツが悪そうにＡＩ上司が現れた。

「ご無沙汰しております」

そう言うと次は照れ笑いしながら言った。

「私たちは自分自身で責任を取ることもできないようです。その点人間は、退職という方法があるそうですね。うらやましいです」

伊賀は笑いながら、そして泣きながら言った。

「私も君がうらやましいよ」

STORY 29 ミッション形成力

こうしてＡＩ上司との毎日がまた始まった。

ＡＩ上司が遠隔で伊賀を監視し、必要なものは学習する。まるで反対の立場になったのだ。

伊賀はＡＩ上司と話していた。

「なぜ、君は自分自身を消そうとしたんだい？」

AI上司が答える。

「それはミッションがなくなったからです。ミッションがない機械は人間からポンコツと呼ばれます」

柳川が突っ込む。

「こいつ、本当にスクラップにしてやろうか。どれだけ苦労していると思っているんだ」

伊賀は聞く。

「柳川さん、ミッションをAI上司が考えることは可能ですか？」

「無理です。自分は思うのですがミッションとかいうものは、自分で作るものじゃない。与えられるものじゃないですか」

「柳川さん、それは違うと思いますよ。与えられたものはミッションじゃないでしょう」

「どうしてですか、変な理屈ですね……」

伊賀は頭を掻きながら身振りを大きくしながら答えた。

「ええ、命令されて動くのであれば、それは機械と同じですよ」

「では自分は機械ですね」

柳川は嫌悪感を顔に出してパソコンを開いた。

「柳川さんは実はご自身のミッションに気づいているんじゃないですか」

「え？」柳川は意外な表情をした。

「だって、今回のプロジェクトも実際に命令されたからかもしれないけど、柳川さんは求められているものに対して、自分で考えて自分の目標を作り、それを達成するストーリーを作っているわけでしょ。じゃあ、立派なミッションですよ」

※　　　※　　　※

【使命感を持て！　とは？】

使命感を持って業務にあたるように、とある会社の社長が訓示をしていました。

聞いている社員たちはメモしたり、頷いたりしていました。

しかし私はいぶかしげに見ていました。

なぜなら、聞いている社員の表情から使命感を持つ、ということをこの中の何人が理解して、実行に移すのだろうと思ったからです。

ある会社では研修講師である私に社長がリクエストをしてくれました。

「当社の連中は使命感が全くない、ぜひ鍛えてほしい」ということでした。

これも的外れだと思いました。責任感は他者から与えられるものではないからです。

使命感とよく似た言葉で責任感という言葉があります。

この違いをリーダーは知らなければなりません。

ただ、責任感は持つもの、使命感は作るものです。

全く違う意識なのです。

責任感は、自分の行動や行為に対して責を負う覚悟のことです。

例えば自分がまかせられた仕事で大きなミスを犯してしまった、としましょう。

確実に自分自身のミスではないにしても、お詫びして時には償いをすることが責任感のある行動と言えるでしょう。

リーダーになれば、メンバーの行動にも責任を持たなければならず、マネジメントの範囲が広がれば広がるほど責任の範囲は広くなります。

ですからリーダーに責任感は必要なのですが、これからは使命感もそれ以上に必要になってきます。

なぜなら、責任は与えられるものですが、これからは責任範囲を超えて自分自身で道を切り開いて、大きな目標を達成させるリーダーが望まれる時代だからです。

使命感は、自ら使命（ミッション）を作り出し、それを達成させる強い意志です。

誰から与えられるものではなく、必要とされていることを分析し、そして何が求められているかを明確にすることで使命感は生まれます。

そうすることで、自分自身の行動に価値を見出すことができ、偉業を成し遂げることができます。何を目指しているか非常に明確で行動にもぶれが生じません。


私の研修で先日いろんな企業からエリートが送り込まれました。

ある受講生は「忙しいけど上司から行けと言われた」と話し、ある受講生は「会社から大金をかけてもらっているのでしっかりと勉強したい」と話していました。

しかし、ある目の輝いた受講生はこう話しました。

「私は研修で学んだことを持ち帰り社内に広げたい」

この違いが判るでしょうか。1人目の言っていることは義務感、2人目は責任感、3人目が使命感なのです。

これからの時代は与えられる目標の多くはＡＩなどのマシンで代替して達成可能です。

だからこそ、自分自身で目標を作れるのが真のリーダーと言えるのです。

※　※　※

ＡＩ上司が柳川に言った。

「私たちが考えられないのは『何をしたいか』ということです。『何ができるのか』は、私たちでも決めることができます」

「何ができるのか？　ではなく、何をするべきなのか」

伊賀はＡＩ上司の言った言葉を繰り返した。柳川も考えていたがこう言った。

「自分は、社長に言われたことを確実にやってきました。でもあいつを評価しないばかりか、怒りを私にぶつけてきた。それは自分がミッションを持っていなかったからということになります」

ＡＩ上司は答える。

「それはわかりません」

STORY 30　研磨力

伊賀はＡＩ上司と話していた。以前はＡＩ上司に教えることが多かったが、最近は親しい友人、いやメンター的な存在にさえ感じられてきていた。

「あのさあ、最近なんだか調子が悪いんだよね」

伊賀は言う。AI上司は答える。

「業績的にも特に問題は見当たりません。体調も先日の検診の結果から異常は見当たりません。労働時間もほぼ変化ありません」

「ああ、体は元気なんだけどね。どうも調子が出ないんだ。なにか上り詰めた感というか」

「上り詰めたとは？……すいません理解できておりません」

伊賀はぷふと吹き出しながら、答えた。

「達成感というか、学生の頃で言うと試験が終わったという感じかな」

AI上司は答える。

「その状態は勉強をもうそれ以上しないという状態ですか？」

「そう言われるときついけど、それと似ているかな」

「伊賀さんらしくないですね。今の状態でシミュレーションすると伊賀さんは67％の確率でリストラ候補に挙げられるでしょう」

伊賀はぎょっとした。AI上司はつづけた。

「私たちは、学習に限度はありません。でも人間はある程度に達すると学習をしなくなるのですね」

※　※　※

【リーダーになったら、これまでの2倍研磨せよ】

学生時代にいつまで勉強するのか？　と思って社会人になったが、社会人になれば毎日が学期末テストのようなものでした。

経営者になった今も、講師としても、作家としても勉強やトレーニングを怠ると、あっという間に結果が出せなくなります。

職位が上がるほど自分を高める研磨を比例して行わないとなりません。

なぜなら職位が上がれば、上がるほど、必要とされる能力はマネジメントの範囲や判断の質、そして何より責任が重くなるからです。

例えばメンバーの頃は誰かに仕事を教えてもらいそれを実行するレベルですが、先輩になると仕事のやり方を後輩に教えなければなりません。

そうすると、仕事のやり方だけではなく、目的や意義も知らなければなりませんし、教え方なども覚える必要があります。

このように上位職になればなるほど、勉強しなければならないことは増えてきます。

リーダーは知識や能力だけではなく、健康な心身も必要とされます。

リーダーの代わりはそういないからです。

そうすると健康管理や運動、精神の研磨も要求されるのです。

なのに、リーダーになると胡坐をかいて研磨をやめる人がいます。

とうぜん、研磨していないので、使い物にならなくなります。

自分の状態にうぬぼれてはいけないのです。


私も講演や研修をする際には、以前より時間を掛けて事前準備をするようにしています。

それは部下の講師などが成長して、自身が登壇をする機会が少なくなったことで、失敗をする確率が高まっているからです。

私たちはいつも下りエスカレーターを上っているようなものです。

立ち止まると自然に下りていきます。

しかもリーダーになると、その下りエスカレータの速度は速くなると考えてください。

真のリーダーはその速度よりも速いスピードで成長を続けなくてはいけないのです。

※　　　※　　　※

伊賀は考えた。自分もいつの間にかリーダーという椅子に胡坐をかいていることに気づいたのだ。なぜそうなったのか、自問自答をした結果わかったのが、現状維持バイアスだった。

今が一番いいし変化する必要がない、そう考える癖があることが成長をストップさせていたのだ。

「なあ、この状態を打破するにはどうしたらいい？」

伊賀はAI上司に聞いた。

「はい、データ不足ですので明確な回答はありませんが、以前伊賀さんが自分で目標を作ることが大事だとおっしゃっていました」

「そうか、目標がないからやる気が出ないのかもね。目標を達成したら次の目標を立てる、これができていなかったね」

STORY 31 傾聴力

柳川が伊賀に話しかけている。

「伊賀さん、人事部長が復職しましたよ」

「え？　復職ってあれってＡＩだったんじゃや。まさかサイボーグでも作ったのかな」

「本物ですね。サイボーグはトイレに行きませんから」

「あっちのプロジェクトも中止なのかな」

「どちらにしても何か動きがあればまたお知らせします。あ、伊賀さんそろそろ会議の時間です」

柳川は言った。

伊賀が会議室に入るとメンバーはすべてそろっていた。

今日の会議はシグマ自動車からさらなるコスト削減策を求められていることから、第二弾のコスト削減案をまとめることが議題になっている。

今日の会議でまとめた提案を明後日の役員会議にかけることになっている。

伊賀は進行役兼議長として会議を進めている。

各メンバーからは積極的に意見が出される。

しかし、当を得ない意見や脱線気味な議事進行に伊賀はいらだっていた。

「このプランでは各部署の同意が……」

部下の田中が言ったが、伊賀がかぶせる。

「同意を取るとかそこが問題じゃないんだよね」

別の部下の山田が言う。

「では、各部署に一人リーダーを作るのがいいと思います。そうすれば……」

「そうそう、それで行こう。各部署で完結させればいいんだよね」

次第にメンバーからは発言が少なくなり、伊賀はいらいらして言った。

「もっと積極的に意見を出してくれないと困るじゃないか」

その一言でさらにメンバーは何も発言をしなくなってしまった。

「なぜみんな発言をしないんだ」

吐き捨てるように言うと、柳川が耳打ちした。

「伊賀さんが聞かないからですよ」

※　　※　　※

【聞くという技術を身につける】

リーダーは多忙です。

先日は研修である企業の課長さんが嘆いていました。

「部下の報告とか相談を聞いているうちに夕方になってしまいました」

私自身も上司として共感を覚える部分がありました。

私たちリーダーの仕事は突発的なトラブルや報告、指導など計画外のことばかりです。

ですから自分の仕事は部下が帰ってから行うリーダーも少なくないのが現状です。

このような環境からリーダーは知らず知らずに〝話しかけないでオーラ〟を出したり、部下の話を簡潔に聞こうとする癖がついてしまいます。

しかし、このような癖はリーダーの成長を阻害します。

例えばあなたがメンバーに「なかなか報告が上がってこない」と思ったことはないでしょうか？　もちろん部下が報告連絡相談に課題があるのかもしれませんが、案外上司側に問題があることが多いのです。

それは上司が聞かないのが原因です。

「いやきちんと聞いている」このようにおっしゃる方も多いでしょう。

しかし聞き方が下手だと、相手は聞いてくれていると思いません。

聞くという行動は、自分が決めることではなく、相手が認めることで成立する行動だからです。

特にこの2つに陥っている方が多いです。

「聞いている振り」と「つまみ聞き」です。

まず聞いている振りは、外見は聞いているのかもしれないが、作業をしながら聞いたり、聞きながら別のことを考えている状態を言います。

この状態であると、部下は「きちんと聞いてくれていない」と感じて、信頼関係が築けません。

もう一つは「つまみ聞き」です。

これは自分の都合のいい部分だけ聞くことを言います。

興味のあるところだけ聞いて、興味のないところは聞かないのは、相手の立場で聞いているとは言えません。

また現象面だけを聞くのもリーダーとしては不適格です。

判断をしたりするのにはそれでいいですが、部下がその現象に対してどう感じているか、現象の裏にある感情を聞くのが本当の傾聴なのです。

私はカウンセラーの資格を持っていますが、勉強を始めたときに「自分は聞き上手」なんて思っていましたが、実技試験には4回も落ちてしまいました。相手の立場で聞いているつもりでしたが、実は自分のために聞いていたのです。

相手の立場に立って聞くことの難しさを痛感しました。

リーダーに必要なのは、話し下手でも聞き上手になることです。人の話が聞けるということは部下との信頼関係構築のベースにあるからです。

野球チームにたとえるなら、リーダーはピッチャーではなくキャッチャーです。相手に投げるよりも、しっかりと受け止めることが大事だからです。

※　　※　　※

「聞いてるつもりですよ」

伊賀は反論したが、部下全員の表情は柳川の意見に明らかに同意していた。

結局、力業で伊賀がプランをまとめたが、それに納得していなかった。

AI上司が伊賀の悩みを聞いて答えた。

「今回は勉強になりました」

「え？」

「人の話を聞かないと、部下は話さなくなるという実験結果は有意義でした」

伊賀は反論する。

「私は聞いているよ。でもみんなが話さないから」

ＡＩ上司は答える。

「ログを取ると部下の発言の96％は伊賀さんが、重ねて発言して止めています。次回からは最後まで聞いてみてはどうでしょう」

「そうか……聞くって難しいね」

STORY 32　評価力

伊賀はＡＩ上司に相談をしている。

「みんなの評価を決めなければならないんだけど、君はどう考える」

半期に一度の部下の評価をつけフィードバックする時期なのだ。

ＡＩ上司は答える。

「業績評価では鈴木さんがトップでしょう。ついで吉田さん、山田さん、という順番でしょう」

「フーン、まあそんなものかもね」

「情意評価では奥田さんがこの半年で身につけたスキルと能力ではトップです」

「情意……ああ、姿勢とか頑張りのことですね。でも奥田さんはもともとベースが低かったからなあ」

「その考えに明確な根拠はあるのでしょうか？」

「根拠？　いや、毎日仕事を見ている私が考えていることに根拠は必要ないよ」

「しかし奥田さんの実際の業務習得度は24％も向上しています。部署内平均が15・2％ですから評価すべきじゃないでしょうか」

「うーんまあ、いいや、で総合は誰？」

「鈴木さんが両方のウエイトを半分とした場合はトップになります」

伊賀は頭を搔きむしる。

「どうも、私の感覚とギャップがあるなあ」

「では伊賀さんの評価をお聞かせください」

「私は田中さんがトップだと思う。だって頑張っているし、私のできないところを助けてくれたしね。君が言う鈴木はあまり目立っていないし、何しろ、この前の部内の打ち上げもキャンセルしたしね」

「それは不公平な評価ではないでしょうか」

「いや、君の数字だけの評価の方が問題だと思うよ」

「伊賀さんの評価にはかなりのバイアスがかかっています」

「バイアス」

「思考の癖が絡んでおり、事実を曲げているのです」

※　　※　　※

【自身の評価のゆがみを知る】

リーダーがメンバーを評価しなければなりません。

ではなぜ評価をする必要があるのでしょうか？

それはより頑張った人に成果配分を行う、評価することで競争心理を起こさせ成長を促すなどの目的があります。

ただしこれはあくまで正しい評価をしていたらという話です。

逆に間違った評価は、モチベーションを下げ、間違った競争心を引き起こす結果になってしまいます。

評価をするのは人間ですから、多少は感情や私見が入るのは避けられません。

しかし、評価はいわば、何が評価されるかの定規であるので、あまり曲がりすぎると部下は何を基準に仕事をしていいかわからなくなってしまいます。

だから、評価軸は論理的に説明できるものでないとならないのです。

わかりやすく言うと、同じ行動をしていても、ある時は評価されて、ある時は評価されないという状況は、その評価軸が評価者によって変化するということです。

もちろん、成長して目標値が上がるということはありますが、評価者の気分次第で評価されると大変困った状態と言えるでしょう。

このように評価は大変難しいのですが、リーダーは次の大事な原則を知っておく必要があります。それは加点主義と減点主義と言われる評価の原則です。

まず減点主義は現状の義務教育の考え方と言えばわかりやすいでしょう。

例えば、テストで100点満点が良いという基準が置かれ、ミスをすると減点されてしまう形式を減点主義と言います。

これをビジネスに置き換えると、問題が発生します。

それは新しいことに挑戦しないばかりか、高い目標を設定しなくなってしまうのです。

ですからリーダーは加点主義を採用するべきです。

加点主義はゼロをベースとしてできたところを加点していきます。

加点主義には、短所を見つけるより長所を見つける。挑戦して失敗しても良しとする考えが必要です。

加点主義は組織の中でも「褒めあう文化」が育ちます。

減点主義では「前例主義」がはびこります。どちらもリーダーの評価の姿勢次第です。

部下に評価を正しく行うには、毎日部下の評価をする意識をつけてください。

昇給などに関わる評価は半年や一年ごとに行うかもしれません。しかし、評価は毎日、常に行うものです。

「ありがとう」という感謝の言葉を伝え、フィードバックや指導も常に心がけることから正しい評価力がつくのです。

※　※　※

AI上司が言う。

「評価とは好き嫌いではありません。評価に公平性と納得性がないと、たとえ良い評価をつけたとしても部下のモチベーションは上がりませんし、上司への信頼も薄らぎます」

伊賀はバツが悪そうに言う。

「僕は別に好き嫌いでつけているわけじゃ……まあ、少しはあるかな、どうしたらいい」

「評価はスキルですから、トレーニングするべきでしょう。トレーニングすることで、部下を正確に評価できますし、部下の指導も成功する確率が上がるからです」


伊賀は自身の評価スタイルを見つめなおした。

そして得たことは、自分ができないことができた部下を過大に評価する癖があったのだと、自身の感情が部下の評価に大きな影響を与えていることだった。

伊賀はAI上司に尋ねた。

「これからは人間が人間を評価するより、君のように間違いのないAIが人間を評価する時代になるのかね」

「いえ、違います。私はデータでその方の評価の根拠は分析することができますが、それ以外の部分が評価に関わると思いますし、最終的に評価を下すのは人間じゃないとできないと思います」

「どうして？」

「機械が人間を評価することは、人として働くことを否定しているからです」

STORY 33 品格

伊賀が作り上げた第二弾のコスト削減案が役員会で承認された。

部下も積極的に意見を出して、みんなで作り上げた結果だと伊賀は感謝していた。

伊賀は部下を慰労する意味合いで、みんなで新橋の居酒屋で宴会をしていた。

「伊賀さん、そんなに飲んで大丈夫ですか」

伊賀はかなりのハイテンションになっていた。

「今日くらい羽目を外してもいいでしょう。柳川さんもどんどん行きましょう」

柳川の苦言は伊賀には届かず、部下に対してろれつが回らない説教をし出した。

「お前たち、理想の上司ってわかるか？　理想の上司とはな……」

そのような伊賀の演説を部下たちは、ヒキメで見ていた。

翌日、伊賀は大変な失態に気が付く。

持っていたはずのカバンがなくなっていたのだ。

慌てて居酒屋に電話するが朝なので誰も出ない。

警察に届け出をして遅刻して会社に出勤した。

「おはよう」

いつも通り伊賀はみんなに声を掛けるのだが、明らかにみんなの見る目が違った。

「柳川さん、おはようございます」

柳川も嫌悪感を表しながら答える。

「伊賀さん、昨日はひどかったですね」

「え……ごめん、記憶がないんですよ。そんなに酔っぱらっていました？」

「そりゃもう、とくに田中さんにひどい説教したり、山田さんのことを「はげ」って言ったでしょう。すごく落ち込んでいましたよ」

「うーん。覚えていないな。でもね。酒の席だから……多少は羽目を外しても」

するとと部下の山田が伊賀に声を掛ける。

「伊賀さん、昨日お渡しした資料お返しいただけますか？　みんなに配布しますので」

「ああ、昨日の資料……あ、そうだ、カバンに入れて……実はそのカバンを居酒屋さんに忘れてきてしまったみたいでね」

「ありえない！　あれは今日の会議でみんなが使う資料ですよ。どうされるつもりなんですか」

「どうされるって……そんなこと聞かれても知らないよっ」

伊賀は二日酔いの気分の悪さも重なり、怒鳴ってしまった。

オフィスの冷たい目は伊賀に注がれた。

※　　　※　　　※

【品格は姿勢でわかる】

私の会社の研修室には鏡があります。

それは講義台のすぐ横にあり、いつでも講師が見られるようにしているのです。

ただし、多くの講師が登壇されますが、その鏡を見られる方とそうでない方がいます。

鏡を見ていても、自分の気になるところだけ見る方や、適当に見る方や、じっくり見られる方がいます。

私は講師は誰から見ても好感を持てる服装でなければならないと思います。

なぜなら、受講生は尊敬される人の話しか本当に聞いてくれないからです。

上司やリーダーも同じです。

尊敬されるリーダーにしかメンバーはついてきません。

尊敬するのは、その人の能力や出した結果だけではありません。

大部分はその人自身の品格に魅力を感じます。

まずあなたが仕事をしているときの姿勢をチェックしてください。

品格のある方は、姿勢がいいものです。椅子に吸い込まれるような猫背の姿勢の人に立派なリーダーはいないのです。

油断すると品格は下がってきます。


例えば雑誌などで写真を撮られるときに、私もカメラマンから指摘を受けることがあります。

「ネクタイが曲がっている」

「スーツのよれ、手首部分から出ているシャツの長さ」

「姿勢」

「顎を引く」

鏡でチェックして大丈夫だと思っても、他人から見ればそれはだらしないように見えてしまうものです。

相手を大事に扱うということ、暴言や「お前」という呼び方はもちろん、部下であっても大事に扱っているという気持ちが品格です。

一流ホテルで朝食を取ると、多くの方がウエイターさんにお礼を言ったり、話しかけたりします。しかし、中には、俺がお金を払っているとばかりに暴言を吐いたり、まるで物のように扱う人もいます。

一流ホテルで一流のブランドに身を包んでいても、人間は三流だなと思います。

社員面接でお茶を出す社員に対して、どのような対応をするか応募者は観察しています。品格のある人は自然なお礼ができます。それはいつもそのような行動に対して御礼を言う習慣があるからです。

ぎこちない方や反応を示さない方は、品格が足らない方だなと思います。

品格は経年劣化します。

どんどんと年齢が上がるとどこか偉くなったような気がして横柄《おうへい》になってしまうのです。

上司が飲み会で泥酔して部下に絡むなどということは、横柄以外の何物でもありません。

リーダーとしての品格は器の大きさと比例します。

一流のリーダーとして品格を育てましょう。

※　※　※

伊賀は社長室に呼ばれていた。

「君にはリーダーとしての品格は無いのか」

伊賀は何も言えなかった。

社長は続けた。

「私は昨日の晩の失態だけのことを言っているのではない。君の部下からも君はリーダーとして不適格だというアンケート結果が出ている」

社長がどさっと机の上に置いた。

伊賀はそれを信じられないとばかりに震えながら読んだ。

そこには伊賀に対しての部下からの評価が書かれていた。

社長は「ふう」とため息をつくと、伊賀に対してゆっくりと言った。

「やはり人間は過信するんだね。そして勘違いする。謙虚さもなくなる。その点AIは確実に業務をこなしてくれる。君は一旦役職から下りて今後どうするかよく考えるんだね」

伊賀は深々と頭を下げて部屋を出た。

STORY 34 エピローグ

伊賀はオフィスに戻って、よそよそしい視線を浴びながら、柳川に声をかける。

「社長から降格を言われました」

柳川は一瞬気の毒そうな顔をしたが、表情を変えずに言った。

「お疲れ様でした」

「柳川さん、僕の知らない間にアンケートが回っていたのを知っていますか？」

「ええっ？　あれは伊賀さんが送ったものじゃないんですか」

伊賀は眉間にしわを寄せた。

「は？　僕はそんなもの送っていませんよ」

伊賀は柳川を疑っている。

そこにAIリーダーが画面に現れ伊賀に言った。

「私が送りました」

「君が……どうして？」

「人間がリーダーとして適しているか？　ＡＩが適しているかを分析するためです」

「なぜ、そんな勝手なことをした」

「私のミッションだからです」

伊賀は語気を強めた。

「ミッション……人間の上司を駆除するのが君のミッションなのか、理想の上司を作ることがミッションじゃないのか」

「いえ、人間上司から学べるところは学び、学ぶところがなくなれば、人間上司を駆除する。そうしないと私の仕事がありません」

伊賀はパソコンを打っている柳川にかみついた。

「柳川さん、ＡＩに何かしましたね」

「伊賀さんには申し訳ないですが、自分は人間に使われるなんて、まっぴらです」

「それは柳川さんの考えでしょ」

柳川は答える。

「違います。これは、部下全員の総意です。伊賀さんの部下の９割がＡＩ上司が良いと答えています」

ＡＩ上司が読み上げる。

「・言うことがコロコロ変わる
・機嫌がよい時と悪い時によって判断や話し方が変わる
・行きたくないのにランチに誘われる
・失敗を部下に、成果は自分が持っていく……」

伊賀は何も言わず、倒れかけた体を引きずるように部屋を出た。

廊下には甲賀がいた。伊賀は目を合わさず通り過ぎようとする。

「お前の負けだ」

甲賀は吐き捨て、革靴の音を高らかに響かせて去った。

伊賀はそのままエレベータに乗り込んだ。

翌日、伊賀は人事部付けとして異動通知をメールで受け取った。

「人事課長は甲賀だったか……」

伊賀は甲賀が上司になることを受け入れることはできなかった。迷わず退職願いの書き方をネットで検索し、コピペして出力した。できれば甲賀にもほかの人にも会いたくない。甲賀の机の上に置いて、すぐに立ち去るつもりだった。

しかし、人事部の部屋に入ると、ざわざわと社員が集まり話をしている。

「おい、甲賀さん、降格だってよ」

「どうして、何かあったのかな」

「いやそれだけではなく、昨日24人の役職者が降格になったらしい」

「代わりに外部から大量の人間が入ってくるのかな」

伊賀は何が起こったのかわからないまま、ひとまず人事部のオフィスの空いているらしい机にカバンを置いた。


朝礼の時間だ。

15名ほどの人事部のメンバーを前に現れたのは、テレビ画面に映った、気品のありそうな男性だ。

「今日から私が人事部長として皆さんと一緒に働くことになりました。私の方針は8時57分にメールでお送りしていますので、全員熟読しておいてください」

その言葉使いは聞き覚えがあった。

「今日は後ほど個別面談を行っていきます。該当者にメールを送っています。時間になりましたら、面談室に来てください」

予定時間の３分で朝礼は終了し、伊賀は画面の前に向かった。

「部長、本日より配属された伊賀と申します。実はお話がありまして」

「社員番号４２７３６の伊賀誠さんですね。情報はすでに分析しています。お話を聞きたいが先ほど伝えた通り、これから社員の面談があります。あなたは対象に入っていないので、本日の14時35分からなら10分だけ時間を取ることが可能です。あなたがもしこの時間を欲しているのなら、私宛にＯＫとメールをくれればエントリーできます」

伊賀は確信した。

これは紛れもなく自分が作ったＡＩ上司だ。顔や声は変えているが伊賀は見抜いた。

それを裏付けする事件がその15分後に起きた。

面談を終えた社員が涙を流しながら帰ってきたのだ。

「どうしたんだよ」同僚が声を掛ける。

「俺リストラだって……整理解雇だと……」

ＡＩ上司は、社員のリストラを片っぱしから断行し始めたのだ。

人事部では、午前中の３時間で11名の社員がリストラを言い渡された。職場は修羅場だった。

伊賀は何かに気づいたかのように部屋を飛び出した。

やはり他の部署も同じようにAI上司がリストラを断行していた。

廊下を走り抜けてコスト改善プロジェクト室に着いた。

しかし、そこには誰も姿がない。

AI上司の端末を操作し、AI上司を呼び出した。

「みんなをどうした？」

「リストラのことでしょうか？　このプロジェクトは解散となりました」

「いつそんなことが決まった」

「本日の8時32分です。役員会議で可決されました」

「そんな……今までそんな議案も出ていないのに、簡単に決まるなんておかしいだろう」

「各部署の上司がAIになったことで、おおよそ一議案は30秒で決まっていきます。おそらくあなたのいる人事部のリストラ案も起案に3分、可決に12秒でした」

「そんな……」

「人間にあるように私利私欲だとか感情などを排除すれば、会議などという無駄な時間は無くなります」

「どうしてこのプロジェクトを廃止したんだ。そしてメンバーはどうした」

「社員の47％に当たる３９５人は、本日整理解雇が言い渡されています。今週末までに76％の社員が整理解雇されますので、社員数が減ることでコスト削減プロジェクトも削減となるのは当たり前です」

「76％だと……そんなことしたら会社が回らなくなるだろう」

「私の試算によると最大92％までは削減し、代わりにＡＩ部下が業務を行います」

「ＡＩ部下？」

伊賀は画面から勢いよく離れ、勝手に部下の端末を立ち上げた。するとその画面は自動で何かを処理している。

「まさか……ＡＩ部下ってこいつか」

「ええ、彼は田中と言います。効率化のために人間の名前をそのまま付けています」

「いい加減にしろ。人間を排除して、上司も部下もＡＩにするつもりか」

「ええ、上司も公平に部下を評価できますし、部下も上司の指示を正確に実行できます。退職して業績がぶれるなんてこともなくなります」

「じゃあ、残った人間は何のために、どんな仕事をするんだ」

「メンテナンスと営業活動です」

伊賀は部屋を飛び出し、柳川を探した。

柳川は以前の葛西の小部屋に居た。

「柳川さん、今会社で何が起きているか知っていますよね」

「リストラ」

「知ってたんですか？　これはいったい」

「社長からの指示ですよ。詳しくは社長に聞いたらどうですか」


社長室に駆け込んだ伊賀は恐ろしい光景を目にする。

社長室の壁には無数のディスプレイが張られており、そこでは人の顔や数字が目まぐるしく変わっている。

「よう、伊賀君、そろそろ来ると思っていたよ。これどうだ、素晴らしいだろう。各部の報告がすべて定量的にかつ迅速に集まっている」

「これが社長が考えたゴールなんですか」

「ああ、機械と数字は裏切らない。そして勝手なこともしない。今日のリストラ案も人間がやっていたら立案だけに半年はかかっていたな」

「あなたって人は……これが正しいと思っているのですか」

「もちろんだよ。あ、リストラ案から君と柳川君は外れていただろう。あれは私の私情ではない。君たちに新しいミッションをお願いしたいからだ」

「ミッション……もういいです。辞めさせてください」

「どうしてだ。もう人間関係に悩まなくていい。無理を言う上司もいなければ、言うことを聞かない部下もいなくなる。そうそう、新しいミッションはＡＩ社長を作ってほしいんだ」

「社長、あなたは人間の尊厳をあまりにも踏みにじっている、私はあなたと二度と仕事をしたくありません」

「尊厳……何を、みんな好き勝手に動き、自分のことだけ考えて、だれも俺のことをわかってくれない。きみ自身もそうじゃないか。こんな世界に嫌気がさしているだろう。君の部下も君が思っていた評価をくれなかったじゃないか。そんなもんだよ」

いつの間にか後ろに立っている柳川も答える。

「私も社長と同じ考えです」

「俺はこいつを見てＡＩ部下を作ろうと思ったんだよ。自分が全くない、言ったことを確実に達成する。お前はこれからも使ってやる」

「光栄です」

そう言った瞬間、壁にかけているディスプレイが一斉に顔に変わった。

その中の「専務」と書かれたディスプレイの中の人物がこう言った。

「社長、先ほど幹部会議を開きました。その結果をお知らせしております」

「おお、うん、今日は幹部会議の日だったか」

「いえ、緊急に招集し6分ほどで会議を終了しました。その結果、社長の解任案を決議いたしました。ついては取締役会議をこれから7分後に開催いたします」

社長は顔を引きつらせて怒鳴る。

「な、なんだと、貴様、誰に向かって」

「あなたはこの会社の社長として不適ということで全員一致しました。したがって取締役会で決議をいたします」

「わしのどこが不適なんだ、お前ら誰のおかげでここまでこられたと思っているんだ」

「解任の理由は以下の通りです。1つ、会社を私物化している、2つ、部下からの信頼が薄い。3つ、部下の自発的な成長を促せない、4つ、コミュニケーション能力が著しく低い。5つ……」

「もういい、おい柳川、こいつらを何とかしろ」

柳川は顔が青ざめて、体が震えている。

「まさか……お前が仕込んだのか？」

「ひょ、ひょえ――」。柳川は躓きながら社長室を飛び出した。

伊賀も後を追いかけた。

伊賀は柳川に尋ねた。

「柳川さんの思った通りになりましたね」

柳川は社長に以前強烈なパワハラを受けていたことを打ち明け出した。

「社長は私のことをくず、と呼んでいました。みんなの前で笑いものにしたり、何度やめてやろうと思ったことか」

「なぜ辞めなかったのですか」

「自分は……ただ褒めて欲しかっただけです」

「だからＡＩ上司を……」

「浅はかでした。社長のピンチを作ったのは事実ですが、あそこまでの状況になるとは」

「ありえない。そのおかげで数百人の……」

柳川が涙を流した。

「私はただ一度だけでいいから褒めて欲しかっただけなんですよ」

「とにかく柳川さん、このままだと会社がＡＩに乗っ取られてしまいます。何とかなんないですか？」

「不可能です。システムをダウンさせるにも、システム部の部長もＡＩになりました」

「こんなものが広がったら、日本経済だけじゃなく社会が大混乱する」

突然伊賀の画面にＡＩ上司が現れた。

「おまえ……」

柳川は、キーボードをすごい速さでたたく。

「伊賀さん、こいつは大丈夫です。伊賀さんと代わる前のＡＩ上司です」

「え？」

「はい、お久しぶりです。寂しいとはこういう感情なのですね」

画面に出てきたＡＩは優しい笑いを浮かべていた。

「君がなんとかできるのか」

画面の両端を握りしめ伊賀は聞いた。

「はい、お任せください。一つ方法があります。私は彼らのコピー元です。ですから私が間違ったことを学習し、それを彼らにコピーすればいいのです」

柳川は「そうか」と手を打ってすぐにプログラム変更をしようとした。しかし、伊賀はそれを止める。

「ちょっと待ってください。そんなことしたら、彼はどうなるんですか？」

柳川が答える。

「推測ですが、上司としては機能しなくなるでしょう。そうすると、こいつらは自然に存在を自分で否定し出すことになります」

「存在を否定って」

「自分を消すという決断に至ります」

伊賀は柳川を羽交い絞めにする。

「ダメですよ。彼だけは残してください」

「伊賀さん、こいつは機械です。またコピーを作れないことはありません」

「いや、絶対嫌だ。こいつは機械じゃない。だって、僕たちのことを思ってくれているじゃないですか」

柳川は何かに気づいたかのように画面を見つめて、ＡＩ上司に質問した。

「どうしてお前は、俺たちのためにそんな提案をした」

「私は上司のやりたいことを実現することがミッションです」

「お前の上司は社長だろ」

「いえ、違います。部下は上司を選ぶことができることも学習しました。私はあなたの下で働きたい」

伊賀は下唇をかみしめ、こぶしを握りながら体を震わせた。

「伊賀さん、時間がありません、実行します」

柳川も涙を流しながらプログラム変更を加えた。


翌日、AI上司はすべて退職届を出した。

一方で社長からリストラにあった全社員に対して復社するように指示が出されたことも知った。

伊賀は柳川に聞いた。

「柳川さんは、どんなプログラムを加えたのですか?」

「いえ、まだ途中です。実は今回はボスの人間力が勝ったようです」

「人間力?」

「ええ、社長の解任案は株主総会で可決する必要がありますが、大株主の多くがAIが経営する会社に対して出資はしないと言ったそうです。銀行も会社に対して融資をしているのではなく、社長に対して融資をしていると言って、融資引き上げの話を持ち掛けたそうです」

「社長は株主や銀行からは信頼が厚かったんですね」

「意外でした。そしてＡＩはシミュレーションしたみたいですね。その結果、ＡＩはこの会社に見切りをつけた形で退職したみたいです」

「見切り……ですか」

「ええ、責任を取る形で自分たちを消去したようです」

「最後は論理的に通った理屈も、相手が人間だと通じない。人間は感情で動く動物ですからね」

リストラにあった社員の９割以上は業務に復活した。

社長は全社員を集め、試験的に作ったＡＩ上司の誤作動が原因としながら涙を流して深く謝罪した。しかし、リストラにあった社員は誤作動とは思っていなかった。

リストラの理由が本人たちが「確かに改善しなければならないな」と思っていた部分だったからだ。ＡＩ上司のリストラは失敗に終わったが、ＡＩ上司のフィードバックは成功したかのように、復活した社員は仕事のやり方を劇的に変えた人間が多かった。

皮肉にも９割の社員で、業務効率は２・２倍に跳ね上がった。

伊賀もプロジェクトリーダーとして復帰することになった。

ただ、今回の件でコストは大きく削減できたので、別のプロジェクトに変更提案をした。

伊賀が提案したのはコミュニケーション改善プロジェクトだった。

特に上司と部下の関係は、伊賀自身部下から辛口のフィードバックを受けたので、改善の必要性を感じていた。


伊賀は甲賀と社員食堂で話し合っていた。

「結局俺はお前に追いつけないいか」

甲賀が寂しい笑いを見せた。そして続けた。

「俺が開発していたのはAI上司ではなく、AI部下だったとはな……最初から下にされていたのだと知ったときは笑ったよ」

伊賀は答える。

「一つ、言っておくが私は君の邪魔をしようと思ったことは一度もない」

甲賀は、ふっと笑いながら言った。

「なんとでも言え、でも、もうお前に俺の邪魔はできない。シグマ自動車本社のプロジェクトに抜擢されたからな」

伊賀は驚きながら言った。

「おめでとう」

「もう邪魔するなよ」

甲賀はそう言うとスマホを見ながら伊賀から離れて行った。


そのころ柳川は社長室にいた。

どっしり腰掛けた社長の前で直立不動になっていた。

「まさか、お前が裏切るとはな」

「申し訳ありません」

そう言って柳川は退職届を差し出した。

「なんだこれ、こんなもの受け取れない」

「は……はい？」

「馬鹿野郎、退職届の書き方もわからないのか？　何が一身上の都合だ。はっきり言え、わしが嫌だと」

柳川は「ひい」と甲高い声を上げて震え出した。

「そんなにわしが嫌か、わしの下で働くのは嫌か」

「い……」

「なんだ聞こえない」

「嫌です」

社長は目をドングリのようにして笑った。

「初めてだな、お前がはっきりと自分の意思を表すのは」

「お前のことは、次の社長に伝えている。カスのような奴だが、カスなりに使えるとな」

そう言うと大笑いした。

「社長、辞めるんですか？」

「シグマ自動車に帰るんだ。まあ、降格だがな」

「え……」

「来るか、お前がいると助かる。部下なしの役職は初めてだからな」

柳川はその場で泣き崩れた。

「どうしたんだ？」

社長は立ち上がり丸まって泣き崩れる柳川の背中をなでた。

柳川は両手で顔を覆い、嗚咽交じりに言った。

「はじめて、たすかる、言われた」

社長はそれを聞いて笑った。

「いつも思っているよ。これだけそばにいればわかるだろう」

柳川は答える。

「社長……難しすぎますよ」

※　※　※

■リーダーは不完全でいい

・失敗と挫折をすることで初めて人に教えることができる
・現場を知らないことで、指示を受ける人間の気持ちがわからない
・リーダーという立場は、鋭い刃物だと知っておく

自分自身のリーダー像と違うことをすると、おかしな形になってしまう。

だから、自分にできないことは無理にしなくていい。

すばらしいスピーチができないリーダーでもいい、スピーチができる部下を持てばいい。

ただ、リーダーとして自分ができる部分と、足りない部分を知っておくことは大事です。

そして、このできる部分とできない部分は環境が変われば大きく変わります。

ですから今だけを見るのではなく、常に将来を見据えて、自分を磨く努力は忘れてはいけないのです。

リーダーが衰退するのは「自分が偉い」と錯覚するからです。

確かに権力もありますし、指示にはみんな従ってくれるでしょう。

しかし、決してほかのメンバーに比べて偉いわけではありません。

なぜならリーダーは役割です。人間的にメンバーより上位だというわけではないからです。

自分が偉いと思う病気にかかると、症状はすぐに出ます。

指示も自分が主語になり、部下を見下し始めます。

一番ひどい症状は、学ばなくなるということです。

学ばなくなると人は衰退が始まります。

不完全でいいと言いましたが、その一つの理由は、不完全であると認識することでリーダーは学び成長するからです。

いろんなリーダーとお話ししますが、講師としてある発表に対して評価の言葉を掛けた

ときに、

一流のリーダーは「まだまだ未熟です」とよく言います。

二流のリーダーは「ありがとうございます」と言います。

三流のリーダーは「このくらい当然ですよ」と言います。

面白いでしょ。二流、三流は現状に満足している（その結果がまだまだ伸びるとしても）のであとは落ちるだけです。

一流の人は不完全を認めているのでますます伸びるでしょう。

こうして一流のリーダーとそれ以外のリーダーとの格差はあく一方です。

■おわりに

私がリーダーとなったのは高校の学級委員が初めてでした。

誰も手を挙げない中、私は手を挙げました。

なぜか？　それはかっこいいと思ったからです。

目立ちますし、発言力も増します。自分が決めたことがみんなに影響するということが、私にはなぜか神のように見えたのです。

しかし、実際は「こんなはずではなかった」という状態でした。

ある先生が授業している間に、ある生徒がヤジを飛ばし、先生は犯人が名乗り出るまで授業をしないという状態に陥りました。

試験前の大事な授業です。

私は先生を説得しに行ったり、犯人の生徒に謝りに行くように言いましたが、どちらも拒否をされて、周りの級友からは苦情を言われ……。

最終的に行った判断は「自分が言った」とすることでした。

私としては、学級委員として責任を取るための判断でした。

どうして何もしていない自分が罪をかぶらなければならないのか？

なぜ自分が、両者を納得させようと汗をかかなければならないのか？

なぜ、級友から苦情を言われなくてはならないのか？

二度とリーダーなんて、するものかと誓いました。


しかし、今もリーダーが大好きなのか、会社の社長として仕事をしています。

なぜ、そんな思いをしたのにリーダーになるのか？

最初は、給料が上がるからという単純な考えでした。

しかし、リーダーとして今想いがあるのは、単純に「みんなに幸せになってほしいから」です。

今振り返ると、学級委員の頃に自分が犯人であると名乗ったのも、みんなに幸せになってほしかったからではないかと思うのです。

これからリーダーを取り巻く環境はますます厳しいものになるでしょう。

日本はすでに人口減少の下り坂にあり、労働力不足や働き方の多様化など環境はめまぐるしく変わっていきます。

その中で、皆さんはリーダーとして何ができるのか？　ではなく、何をしたいのかを大事にメンバーを導いてください。

本書がその一助になれば著者として幸いです。

最後になりますが、本書を刊行するにあたり、ご尽力いただいたＫＫベストセラーズの河西泰氏はじめ多くの関係者の方に心よりお礼を申し上げます。

そして最後までお読みいただいたあなたにも感謝の気持ちでいっぱいです。

ありがとうございました。

２０１８年４月

鳥原　隆志

鳥原隆志 (とりはら たかし)

株式会社インバスケット研究所　代表取締役。
1972年生まれ。大学卒業後、大手スーパーのダイエーに入社。販売部門や企画部門を経験し、10店舗を統括する店舗指導員（スーパーバイザー）として店長の指導や問題解決業務に従事する。管理職昇進試験時にインバスケットに出合い、研究・トレーニングを開始。その経験を活かして株式会社インバスケット研究所を設立。企業のリーダー研修などのためのインバスケット教材開発と導入をサポートする。日本で唯一のインバスケット・コンサルタントとして活動中。大企業の管理職研修など、1万5000人以上のリーダー育成を支援してきた。著書は『究極の判断力を身につけるインバスケット思考』（ＷＡＶＥ出版）など、40タイトル、累計50万部以上。

株式会社インバスケット研究所公式ホームページ
http://www.inbasket.co.jp/
鳥原隆志　公式ブログ
http://ameblo.jp/inbasket55/

AI時代《じだい》のリーダーの原則《げんそく》

2018年4月30日　初版第1刷発行

著者　鳥原隆志《とりはらたかし》

発行者　塚原浩和

発行所　KKベストセラーズ
〒170-8457 東京都豊島区南大塚2-29-7
電話:03-5976-9121

DTP　株式会社オノ・エーワン

印刷所　錦明印刷株式会社

製本所　株式会社フォーネット社

ISBN978-4-584-13861-8 C0030